金子堅太郎と近代日本

国際主義と国家主義

酒井一臣●著

昭和堂

金子堅太郎と近代日本——国際主義と国家主義

目次

凡例

一、史料に関しては、読みやすいものをのぞき、文語体は原則として口語体に意訳した。また、旧字・旧仮名遣いは新字・新仮名遣いに直した。

一、引用は（著者名『書名』もしくは「論文名」頁数）の要領で記し、詳細な書誌情報は巻末の参考文献一覧に記載した。

一、引用文献で著者名がないものは、基本的に金子の著作である。なお、頻出の金子の文献については参考文献一覧に示す例に従って略記した。

図版目次

序章

伊藤博文からよびだされる

一八八四（明治一七）年四月一〇日、元老院大書記官をしていた若手官僚に参議の伊藤博文から呼び出しがかかった。伝言をもってきたのは、切れ者として評判の参事院議官の井上毅《こわし》だった。痩身でカイゼル髭を貯《たくわ》えた神経質そうなその若手官僚は、緊張して参議伊藤博文の前に立った。伊藤博文はまだ四三歳だったが、すでに維新政府の事実上の最高責任者の立場にあり、三月に制度取調局の長官に任命されていた。

「君は僕の秘書官になってくれないか。」伊藤は唐突に言った。若手官僚は「今日初めてお目にかかった私が秘書官にふさわしいかどうかわかりません。ご辞退します。」と断った。「君のことはよく知っている。このたび僕は陛下から憲法起草の大任を命じられたので、井上や伊東巳代治《みよじ》とともに、憲法起草を手伝ってもらいたいのだ。」と伊藤は鼓舞した。

こうして、その若手官僚は大日本帝国憲法を起草するという大事業の一角を担うことになった。若手官僚の名は金子堅太郎。金子三一歳の時である。

金子堅太郎は、福岡藩黒田家の士分とも認められない下級藩士の家に生まれた。幼いときから秀才ぶりを発揮した金子は、藩校修猷館《しゅうゆうかん》で頭角を現し、藩主黒田長溥《ながひろ》から目をかけられ、一八歳から七年間アメリカに留学し、ハーバード大学のロー・スクールを卒業して帰国した。

欧米の学知をもった人材が不足するなか、憲法起草を助けさせるため、伊藤は金子に目をとめたのである。憲法制定後、金子は伊藤の側近として活躍し、農商務大臣や司法大臣を歴任した。また、日露戦時には日本の立場をアメリカで理解させるための広報外交に尽力した。一九四二年に八九歳で死去したときには、伯爵になっていた。

筆者は、現在、金子の出身地である福岡の大学に勤めているが、市民講座などで金子の話をしても、歴史好きな方でも、ご存じないことが多い。高校の日本史Bの教科書にも大日本帝国憲法の起草作業に当たった一人として一カ所登場するだけである。その経歴からすれば、文字通り立志伝中の人なのだが、知名度は高くない。

しかし、近代日本史研究のなかで、金子が全く注目されてこなかったわけではない。日露戦時の広報外交に着目した松村正義の『日露戦争と金子堅太郎』は、金子のアメリカでの活動を詳細に分析した。また松村には評伝『金子堅太郎』もあり、金子の生涯を過不足なくまとめている。

また、金子が初代校長を務めた日本大学には金子にまつわる史料が保存されており、これらを利用した高瀬暢彦の一連の研究もある。高瀬の研究は、金子の全生涯を微に入り細に入り検証したもので、金子をめぐる事実関係は、高瀬の研究でし尽くされた観がある。

ところで、金子は八九歳の長命を保ち、幕末から明治・大正・昭和を生きた。福沢諭吉は、封建の世から明治になった激変を「一身にして二生を経る」（福沢諭吉『文明論之概略』）と書いたが、金子は、幕藩体制から明治の激変に加え、青年期のアメリカ経験、日露戦争に勝利し一等国となった後の日本も見た、「一身にして四生を経る」ような人生だった。つまり、金子の生涯を追うことは、近代日本の歴史を通観することにもなるのである。

松村や高瀬の詳細な研究があるなか、あえて本書を書こうと思った第一の理由は、金子を通じて、近代日本の姿を筆者なりに描いてみたいと考えたからである。

ところが、金子の研究をはじめてすぐに大きな問題にぶつかることになった。一つは、金子の性格である。調査をしてすぐに気づいたのは、金子は大変な秀才だったが、友達にしたくないタイプの人間だということだ。金子は、自己顕示欲が強く、自分の立場を守るためにコロコロと立場を変える。そして、このことは史料の問題にもつながった。金子は大量の回顧録・回顧談を遺したが、多くは晩年に書かれたもので、その内容が、自己正当化のため、かなりゆがめられているのである。頭がいい人だったので、整合性はとれているが、金子自身や周辺の人の言動が、回顧した時点の金子に都合がいいようになっている場合が多い。その点をどこまで割り引いて金子を描くのかが困難なのである。

いま一つは、金子の晩年の問題である。金子が日露戦時に活躍したのは五〇代前半の時である。金子はそれから三〇年以上も生きた。その後半生の金子が、「老害」扱いされてしまうのである。もちろん、主人公だからといって、取り上げる人物を全面的に肯定する必要はない。しかし、晩年の姿があまりに悪すぎると、書きにくいことは否めない。輝かしい晩年であれば、「かくも素晴らしい人生だった」として、読者の希望にもなるが、「晩節を汚しました」というのでは、読後感も悪くなってしまう。実際、松村も高瀬も、晩年の悪評にまみれた金子をあまりはっきりと書いていない。

しかし、本書はあえて、老害となってからの金子のことも、その悪評とともに書いた。なぜなら、晩年の金子の姿からは、近代日本の国際人・国際主義とは何だったのかを考えるヒントがあると考えたからである。

国際主義と国家主義

維新後の日本における最大の目標は、欧米列強と対等の地位を得て、世界に雄飛することであった。そのためには、西洋文明を受容し、日本を文明国にすることが必須であった。そのさい、常に念頭に置かなければならなかったのが、「文明国標準」という考え方である。「文明国標準」とは、もともと国際法の用語で、国際法を適用するか否かを決めるときの基準だった。つまり、西洋諸国からみて文明的ではないとみなされた国には国際法を適用せず対等に扱わないことを正当化する論理だった。いうまでもなく、西洋文明は、無色透明なものではなく、キリスト教の価値観や西洋の歴史的慣習を色濃く反映して成立したものである。そうであるならば、文明国とみなされようとすれば、単に技術や制度を導入するだけでは不十分で、西洋世界の考え方や価値観までも受容しなければならなかった。

ここに非西洋国の困難があった。たとえば、鉄道をひく、製糸工場を建てるというようなことは、技術を学んでまねればよい。また法律などには、価値観や慣習が含まれるとはいえ、条文の置き方、運用の手続きが整っていれば、西洋と全く同一の法でなくとも、まだ何とかなった。しかし、人の愛し方、何をおいしいと思うか美しいと思うかといった感情や感性となると、西洋文明を受容したからといって、簡単に変化するものではない。ところが、近代日本は、こうした感情や感性の分野にいたるまで、かなり短時間に西洋文明化することに成功した。

本書の執筆理由の第二は、この近代日本の西洋文明受容のあり方を金子堅太郎の生涯から考察することである。金子は明治の最初期に長期間アメリカで過ごし、帰国後も何度も海外出張し、欧米の著名人と親交を結んだ。その点、明治期日本を代表する国際人であり、当世風の表現をすれば、日本最初のグローバル人材の一人だった。金子は、英語を自由に操ったのはもちろんのこと、アメリカ留学で西洋人の思考法や交際術も身につけていた。

では、金子がいわゆる西洋かぶれの人物だったのかというと、その逆だった。金子は少年時代に知った「国体」概念に生涯こだわった。海外経験が豊富でも日本の魂を忘れなかったというレベルならば良いのだが、晩年には軍国主義や国家主義を支持する立場になってしまう。金子のなかでは、国際主義と国家主義は矛盾なく同居していたようなのである。本書ではこの意味を考えていく。晩年の金子は耄碌《もうろく》したから、国体を絶叫したのだという説明も通りそうだが、それだけではない「何か」があったのではないか。

くわえて、本書執筆第三の理由として、維新前からアジア太平洋戦争勃発まで生きた金子の変遷、つまり明治国家の変遷から得られる教訓を、明治維新一五〇年の今日から考えることを挙げたい。これについては、主に第九章以降で扱う。金子堅太郎が前半生の成功と経験を後半生に活かせなかったのはなぜなのか。また、国際人であった金子が、日本の国体に固執して、アジア太平洋戦争への道に進むことを後押しするような言動をしたのはなぜなのか。こうした点を考えることは、グローバル化の波に翻弄され、未来への指針を見いだせない現在の日本への示唆になるのではないかと思うのである。

以上三点が本書の主題である。よって、本書は金子の評伝ではあるが、その人生をまんべんなく書くことを目的とせず、以上の三点の執筆理由にそって、金子堅太郎というより近代日本の歩みを中心にして考察したものである。

それでは、まずは金子の生まれたときに時計の針を戻そう。それはペリー来航の年、一八五三（嘉永六）年である。

第一章　戦略としての国際主義

一、激動の時代

嘉永六年という年

金子堅太郎は、一八五三（嘉永六）年二月四日に筑前国早良《さわら》郡鳥飼《とりかい》村（現在の福岡市中央区鳥飼）で生まれた。維新の三傑、西郷隆盛（一八二七年生）・大久保利通（一八三〇年生）・木戸孝允（一八三三年生）より一世代若く、金子を見いだした伊藤博文（一八四一年生）よりもひとまわり若い。

金子の生まれた嘉永六年は、ペリーが浦賀に来航した年である。幕末の激動がはじまる象徴的な年であった。明治維新の時に金子は一五歳（金子の種々の回想では数えで年齢を記しているが、以下年齢は満年齢）で、幕藩体制の時代をしっかり経験しながらも、明治新政府発足には関わりをもてる地位になかったことになる。後にみるように、金子は明晰な人物であったが、無から何かを産み出すような独創性には乏しく、人を惹きつけるカリスマ性があったわけではない。既存の制度のなかで与えられた職務を巧みにこなす優秀な官僚気質の人であった。こうした性質を考えると、絶妙な時期に金子は生をうけたといえる。金子が明治国家の政策に関わるようになったときには、すでに明治政府の基盤はおおよそ固められており、金子は政権を創造する作業ではなく、その仕組みを維持発展させることに尽力すればよかったからである。

ペリー来航は「衝撃」ではあったが、「想定外」のものではなかった。一八世紀終わり頃から日本近海に欧米の船が現れはじめ、幕府は海防に関心を強めていた。アヘン戦争で清がイギリスに敗れたと知るや、幕府は天保の薪水給与令を出し、欧米列強との衝突を回避する方策をとっていた。幕府にとって、国際情勢や列強との軍事力の差を考えると、欧米列強との対立は現実的な選択肢ではなかった。

初来航の翌年に再び訪日したペリーに対し、ついに幕府は条約締結に応じた。下田と箱館（現在の函館）の開港・片務的最恵国待遇などを決めた日米和親条約である。通信はこれまでも朝鮮国と行っていたため、通商に応じなければ「鎖国」のたてまえは維持できると考えた幕府の苦渋の決断だった。

しかし、その過程で幕府は大きな判断ミスをおかした。条約締結に迷った幕府は諸大名に意見を求めたのである。政策決定権の独占という幕府の大原則を崩したことで、国政を担うのは幕府だけではないとする認識が広がることになった。

続いて、和親条約にもとづきアメリカ総領事のハリスが来日し、通商の開始を要求した。通商をはじめなければ日本は世界の大勢に乗り遅れてしまうとの説得に、幕閣は通商開始に傾いた。しかし、反対意見が多かったため、幕府は朝廷に勅許を求めた。しかし、朝廷の返答は通商開始を不可とするものだった。幕府の絶対的な権力が否定され、政局は一気に混乱した。結局、大老に就任した井伊直弼が強権を発動して、無勅許で日米修好通商条約を結び、イギリス・フランス・ロシア・オランダとも同様の条約を結ぶことになった（安政の五カ国条約）。

ペリー来航から一八五八年の修好通商条約締結までの五年間で日本の政治情勢は大きく変化した。外国の圧力に屈する形となった幕府の権威は低落した。圧倒的な軍事力をもっていることが、幕府の権力基盤だったが、幕府が外国に屈してしまっては、何のための征夷大将軍なのかということになる。また、幕府の弱体化に伴って、薩摩藩・長州藩・土佐藩・佐賀藩などの西国の有力外様大名の発言力が増した。くわえて、忘れられていた朝廷という権威が復活したことの意味も大きかった。

ところで、開国当初、庶民はそれほど西洋人にアレルギーを示さなかった。教条的な夷狄《いてき》観と無縁だったからである。貿易も当初は黒字だった。高品質の絹や茶が西洋人に大人気となったのである。しかし、さかんに輸出された絹や茶は国内市場で品薄となり値上がりし、それにつられて米価も高騰した。日本と欧米の金銀の交換比率の違いに対応するために金の含有量を減らした小判を鋳造したことも、物価高騰に拍車をかけた。生活苦にあえぐようになった庶民もしだいに外国嫌いとなっていった。物価高騰はもともと内情が苦しかった武士の生活も直撃した。一定の家禄をもらうだけの武士にとって、物価高は死活問題だったのである。社会の混乱に対する不満は外国人に向けられ攘夷思想が人びとをひきつけるようになった。攘夷思想は次のような発想も生んだ。欧米諸国に屈した幕府は役に立たない。よって、幕府に攘夷を期待できない。他方で、開国を支持する立場からみても、現状維持に汲々とする幕府は、欧米列強に対応するための革新への障害に思われた。開国の混乱は、これまで口にすることすらはばかられた幕府を否定する意見を次々に生んでいくのである。

修験者の予言

一八五三年生まれの金子堅太郎は、日本社会の大変動がはじまった頃、まだ幼児であった。幼名は徳太郎。父直道は、福岡藩の勘定所付きの小吏で、士分と足軽の間の身分で六石二人扶持という微禄だった。生地の鳥飼村は、三〇〇戸ほどが暮らす士農工商雑居地で、城代組に属する下級武士の家が多かった。

金子が三歳の時、祖母と遊んでいると、通りがかりの修験者から「将来必ず槍を立てさせて登城する人物となる」と言われたという。当時の福岡藩では七〇〇石以上の士分が槍を立てて登城したそうであるから、金子家にすれば大出世を予測されたことことになる。身近な目標として、金子家同様の家格から一〇〇石取りの勘定奉行になった東半三郎という人物の出世談を祖母が常に語っていたという。まさか、この幼児が後に従一位大勲位伯爵となり藩主をこえる栄典をえるとは思ってもみなかっただろう。

金子は、七歳で手習いをはじめ、くわえて謡曲も習った。八歳で正木昌陽に入門して論語の素読から本格的な漢学をはじめた。この年、大坂蔵屋敷に勤務に赴く父から「汝は将来大《おお》いに漢学を研究して国家有用の人物となるべし」と訓戒されたという。父直道は、下級武士としての鬱憤からか酔いつぶれて前後を失うこともあったというが、学問には熱心であったようである。次の挿話は、国際人として活躍する金子の将来を暗示するかのようで興味深い。

私が十一か十二のころであったと思う。父は万国輿地図を披《ひら》いて私に示し『是は和蘭《オランダ》から藩主に献上したものを今回私が拝領したものである。是は世界の地図であるが、汝は日本が何処にあるか知って居るか』といわれる。私は大きな所を指して盲目的に『日本はこれでしょう』といえば父は首を掉《ふ》って『否、日本はそんなに大きくはない。ここが日本だ、なんと世界に比べると少い《ママ》ではないか、筑前などは何処にあるか、それすらも分らぬ』（中略）当時は単に珍しい説明としか思わなかったが、今日になると、父が斯く世界の大勢に通じて居たとは自分の父ながら敬服せざるを得ない。父は更に言を改め欧、亜、弗［アフリカ］三大陸の相接する所を指して『此処はスエズの地峡といって亜細亜と阿弗《アフ》利加《リカ》が帯の如く狭く結び付けられてある。近頃外国人が之を開掘して工事は過半進行して居る。これが竣工すれば外国から我日本方面へ来るには距離が非常に短縮する、船と人は続々やって来るであろう。日本と外国との関係は今より益々密接になるから深く注意しなければならぬ』

（「余の両親は余の教育に斯の如き苦心をなせり」一九〇九年、『著作集』六）

福岡藩の下級武士であった金子直道も変革の時代が到来したことを感じていたようである。この挿話で興味深いのは、聡明であった堅太郎少年でも、日本が世界のどこにあるかということすら知らなかった一方で、最下級の小吏にすぎなかった直道でも、スエズ海峡開削の情報程度は知っていたという、幕末の「知」のありかたである。「鎖国」と幕藩体制が終焉を迎えつつあった時期、幼少時の金子の生きた環境はどのようなものだったのか。また、幕末の教育と海外認識はどのように結びついたのか、この章では考えていきたい。

二、幕末の福岡藩

筑前福岡藩

金子家が仕えていたのは、筑前国福岡藩の黒田家である。福岡藩は、豊臣秀吉の謀臣として有名な黒田孝高《よしたか》（如水）の嫡男長政を祖とする外様大名の大藩だった（以下、福岡藩については、安川巌『物語福岡藩史』）。幕末の石高は四七万三千石で藩士は五七〇〇人あまりいたが、藩士間の身分は厳然と区別され、数千石を与えられる重臣に対し、金子家のような家格では藩主に目通りすることすらかなわなかった。北九州の大藩ということで、佐賀藩とともに長崎警護を担当し、情報収集のための長崎聞役も置かれていた。よって、福岡藩は、東北の藩などとくらべれば、海外の情報や文物を入手しやすい環境にあった。大藩であったことといい、海外情報に接しやすかった立地といい、福岡藩は明治維新を主導する立場になり得たが、実際は維新に取り残されたのはなぜだったのか。

江戸時代後期の一九世紀に入ると、福岡藩の財政は悪化の一途をたどり、一八一八（文化一四）年頃には約五〇万両もの借財を抱えるようになった。福岡藩では、天保期以降何度も藩政改革に取り組んだが、いずれも成果を出せなかった。これは、七代から一〇代まで幼年藩主があいついだため、重臣たちが藩政を掌握し、保守的な藩政を続けていたことが一因だった。七代藩主治之《はるゆき》と九代藩主斉隆《なりたか》はともに御三卿の一橋家から迎えており、このことも福岡藩政が幕府の目を気にして因循な体質を改められないことにつながったといえる。これに対して、薩摩藩や長州藩では藩政改革を成功させて幕末の動乱への備えができた。

ペリー来航に際しては、一一代藩主黒田長溥《ながひろ》は積極的な開国論を幕府に上申し、洋式軍事力の導入をめざしたが、ここでも重臣の反対で果たせなかった。この頃になると、福岡藩でも尊王攘夷を唱える藩士が勢力を持ちはじめた。一八六四（元治元）年の第一次長州征伐に際しては、勤王派の加藤司書が、日本国内の騒乱は外国につけいるすきを与えるとして、長州藩への処罰を寛大にするよう幕府や西郷隆盛を説得し、八月一八日の政変で長州藩に逃れていた三条実美《さねみ》ら五人の公卿（五卿）の太宰府遷座を実現した。尊王攘夷の象徴的存在であった五卿の筑前遷座により、福岡藩は勤王派のなかで重要な存在となった。

しかし、家老に昇進した加藤司書への反発も強く、過激化する藩内の勤王派に対し、藩主長溥は粛正を決断し、加藤司書や勤王派の中心人物であった月形洗蔵らが処刑された（乙丑《いっちゅう》の獄）。乙丑の獄で佐幕派が主導権を握ったことで、福岡藩は幕末の動乱の表舞台から消えることになった。一八六七（慶応三）年、将軍徳川慶喜が大政奉還をして幕府が瓦解して、ようやく福岡藩は方針を転じ、佐幕派の家老を切腹させた。しかし、乙丑の獄で勤王派を弾圧していたため、新政府の福岡藩への目は厳しかった。戊辰戦争に出兵したが、活躍の場を与えられず、出費だけがかさむことになった。勤王か佐幕かでゆれた藩は多かったが、方針転換の際に勤王派も佐幕派も失った福岡藩は、優秀な人材を欠くことになったのである。

政変で人材を喪失したこと、太宰府に軟禁していた五卿の恨みをかったこと、勤王に転じるのが遅れたことなどが重なり、福岡藩は明治維新で重要な役割を果たすことができなかった。アメリカ留学を終えた金子堅太郎が政府で職を得るのに苦しんだのは、そのためであった。また、財政改革に成功せず、戊辰戦争での出費がかさんだことが、重大な事件の引き金になったが、このことは後述したい。

黒田長溥

金子堅太郎は一一代藩主黒田長溥に目をかけられ、留学の機会を与えられた。金子は長溥を「老公」と呼び、明治になってからも敬愛し続けた。

黒田長溥は、鹿児島藩主島津重豪《しげひで》の子で、福岡藩一〇代藩主黒田斉清《なりきよ》の婿養子となり、一八三四（天保五）年に家督を継いだ。姉の広大院は一一代将軍徳川家斉の御台所になった。実父重豪も養父斉清も西洋への関心が強く、長溥も当時を代表する「蘭癖大名」だった。

黒田斉清は、西洋文化への造詣が深く、長崎のオランダ商館に長溥を伴って、鳴滝塾で蘭学を教えたシーボルトと面談したこともあった。藩財政の改革にも取り組んだが、失明して三九歳で隠居した。斉清は実権を握り続け、長溥との間が険悪になったこともあったが、長溥は斉清の側近を処分し、一八四二年から直裁をおこなうようになった。

長溥は、江戸時代当初から変わらぬ政治体制では開国の激動を乗り切れないと感じていた。そこで、海防の重要性が高まるなか、槍や刀にこだわらず、積極的に洋式銃を導入しようとしたのである。そのためには、精密機器の開発が必要と考え、長崎で西洋技術を学ばせ、一八四七（弘化四）年には博多中州に精錬所を設けた。金鉱・炭鉱の開発にも取り組み、蒸気機関の開発にも乗り出した。一八五七（安政四）年には西洋式軍法の導入を図った。長溥は、旧来のしきたりにこだわらず、有能とみれば町人でも抜擢して西洋技術の導入につとめた。この点に限れば、長溥は開明的な「賢君」であったといえる。

長溥の先見性がよくわかるのが、ペリー来航時に幕府に提出した上申書である（「筑前国福岡城主松平美濃守斉溥上書」［斉溥から後に長溥に改名］）。長溥は、まずアメリカとロシアに交易を許すべきだとする。その交換条件として、イギリスやフランスが強引に通商を要求した場合、米露両国に追い払わせればよい。アメリカの要求を全面的に拒絶して開戦に至れば、大損害をうけることはまちがいなく、信義をもって接するべきだとする。

これからの日本は、米露両国と和親し、海防を厳重にし、西洋風の船を造って人民の自由渡航を許すべきだと長溥は主張する。「年々世界が開けて軍備を厚くしているなかで、とても日本だけが永久に鎖国できない時がきたと存じます。今後どうなっていくのかわかりません。今こそ武備を整えて日本を中興する好機なのです」［以後、文語体は原則として口語体に意訳した］。

続いて、長溥は世界統一をもくろんでいたナポレオンがロシアに敗れたのは、日本にとって幸運だったとし、ロシアが盛大になったのは、ピョートル大帝が西欧に出向き技術を学んだからだと、海外の知識を披露した。その上で、ペリー来航に右往左往させられたのも「お膝元の軍備が良くないからです」と幕府の不用意を批判した。通り一遍の無難な意見が多かったなかにあって、明確に開国と西洋文明の導入を訴えた長溥の上申書は「蘭癖大名」の面目躍如たる内容だった。「蘭癖」を国際理解と読みかえれば、長溥は国際的な視野をもち、旧弊に固執しない発想の持ち主だったといってよい。しかし、長溥は倒幕には賛成せず、幕藩体制の維持にこだわった。乙丑の獄で勤王派を弾圧したのも、熱に浮かされたかのような藩士たちの行動を許せば、幕藩体制が崩壊すると考えたからであった。

もちろん、大名であった長溥は幕藩体制のなかでこそ自分の地位を保つことができたわけであるから、佐幕であったことは当然だったともいえるが、長溥が嫌悪したのは、下級武士らが、自分の不満を体制に転嫁して極端な変革を求める姿勢であったと思われる。後に詳述するように、この点、長溥は「保守主義」者であった。

尊王攘夷を唱えて暴走した武士の多くは、現状を打破するために天皇を持ち出した側面が強かった上、攘夷の現実性やそれを実行した場合の損害の大きさを計算していたわけではなかった。彼らは、幕藩体制が存続すれば、国政はおろか藩政の末端にすら加えられることはなく、国の将来を語るなど身の程知らずだと叱責される立場にあった。幕藩体制の秩序を根本から崩さなければ、自分たちに光が当たることはない。そのためには、「皇国」のすばらしさを高唱し、破れかぶれの外国排斥を主張せざるをえなかったのである。

これに対し、長溥の上申書は現実的で冷静な内容であり、いわばエリートの議論であった。維新革命の情熱はこうした長溥のような見解からは生じえない。金子は最下級藩士の出自であったが、その生涯を通じて、革命的な思想や行動を嫌った。金子が国際主義でありつつ保守的な国家主義であったことの意味は、本書の主要な課題となるが、長溥が金子をひきたてたのも、二人の思想に共通点があったからではないか。次節では金子の少年期の教育を紹介しながら、金子が、佐幕論や幕末・維新の動乱をどのように考えていたのかみていきたい。

三、修猷館の秀才

武士の教育

金子堅太郎は、一八六三（文久三）年、藩校の修猷館に一〇歳で入学した。修猷館は、一七八四年に九代藩主黒田斉隆の時に開館した。修猷館は維新に伴い廃館になったが、黒田長溥の強い希望で、金子らが中心になって再興され、現在は福岡県立修猷館高校になっている。

修猷館に入った金子は四書のなどの素読にはじまり、次々と試験を通過し頭角をあらわした。修猷館は、素読の西寮からはじまって南寮・時計の間・北寮と段階が上がっていく仕組みであった。当時は身分によって校舎の入り口が違うなど厳然とした差別があったが、成績が優秀であれば、格差は解消された。事実、金子も学業成績の優秀さから、後に永代士籍に昇格した。

太平の時代が続くなか、江戸時代中期には、武士の立身は武芸ではなく学問の優秀さにかかるようになった。官学であった朱子学は、武士の必須の教養であった。江戸時代に儒学は隆盛したが、新たな解釈をするより、決まりきった注釈を記憶することが重視された。意味を考えずただ音読する素読にはじまり、四書五経・史書を読み覚えていくのが、基本的な学習方法だった。

近年では、こうした江戸期の学問のありかたは、維新後の西洋文明の受容を阻害したのではなく、むしろ有益であったことが指摘されている（例えば、中村春作『江戸儒教と近代の「知」』）。江戸時代の後期になると、武士のみならず、富裕な農民や商人も、漢学の基礎を学んだ。その結果、全国でかなりの人びとが、共通の知識をもつ状況となった。近代国家の教育が、国家に有用な人材を育てるため、画一的な内容を一斉に学ばせたのと似た状況が、幕末の日本でも現れていたということである。また、福沢諭吉に代表される明治期の啓蒙家が、豊かな漢文の知識を有していたことはあらためて指摘するまでもないが、漢文の知識はヨーロッパ言語の翻訳にも有益だった。

今ひとつ、注目したいのは、素読から四書五経などの解釈を修めていくという武士の教育スタイルが、勉強の仕方、つまり学びの「作法」を定着させたことである。幕末から明治にかけて大量の洋書が日本に入ってきた際、金子のような当時の若者たちが、比較的容易に洋書を読めるようになったのも、「漢文」という外国語を学ぶための「作法」が応用できたからにちがいないのである。くわえて、学問に秀でることが立身の最も有効な手段であったことも、明治の青年が西洋学に没入していく一因となったといえよう。後に金子は、漢字・漢学の重要性をしばしば語るようになり、「今日の国字国語は文明の利器にかなわないというものがいるが、憲法をはじめ、いろいろな文物の発展に国字国語を用いて何の問題もない。もしわが国に漢文字の素養がなかったら、これほどまでに西洋の文物を受容できなかっただろう」（「国字改良異見」一九〇〇年、『著作集』六）と述べている。

学問が面白くなり、勉強に熱中した金子だが、一二歳の時から鉄砲の稽古も開始した。士分と足軽の境目にあった金子家にとって、剣術より鉄砲を学ぶことに意味があったのではないだろうか。鉄砲は「鉄砲足軽」といわれるように、士分には忌避された武器だった。むしろ堅太郎少年にとっては、鉄砲修行はガリ勉の息抜きという意味が大きかったようである。

金子が一五歳になった一八六八（明治元）年、江戸幕府は瓦解した。慶応二年末（一八六七年一月）に将軍となった徳川慶喜は、幕府の勢力回復をはかったが、大勢にはあらがえず、一八六七（慶応三）年一〇月に大政奉還をして朝廷に政権を返した。朝廷には政治を運営する能力はないので、結局幕府に政治を任せてくれるだろうというのが慶喜の思惑だった。慶喜の計画をつぶすため、岩倉具視や薩摩藩は、強引に王政復古の大号令を発した。王政復古に先立ち、太宰府に蟄居していた五卿が赦免された。これにより、福岡藩も佐幕から勤王に方針転換をせざるを得なくなった。

金子家にもこの年に事件があった。堅太郎の父直道が飲酒の中毒で死去したのである。一五歳で家督を継いだ堅太郎は銃手組の兵卒に編入され、次いで父の勤務していた勘定所の給仕となった。母から「お前を立派な人物になすためには、慈愛の母とならんより厳格なる父となりたる心持ちを以て教育する」とさとされた堅太郎は、給仕勤務のかたわら再び猛勉強にはげむことになった。

努力が報われ、堅太郎は、一六歳で福岡藩の支藩秋月藩への遊学を命ぜられ永代士籍に列せられた。これは「感涙」にむせぶほどの異例の待遇であった。金子にとって、武士の教育は十分な効用があったのである。

国学に触れる

秋月藩は、現在の福岡県朝倉市にあった福岡藩の支藩だが、移動の自由が事実上なかった幕藩体制下の藩士にとって、遊学の機会は見聞を広める機会だった。しかし、金子の秋月への遊学は数ヶ月で終わった。堅太郎をかわいがった祖母が死去したのである。金子は再び修猷館に戻って勉学に励んだ。

一八七〇（明治三）年、福岡藩で大事件がおきた。藩ぐるみでおこなった偽札贋造が発覚したのである。戊辰戦争の戦費などで財政が悪化していた福岡藩は、太政官札をはじめとする各種の金を贋造して急場をしのいでいた。

これを日田県知事だった松方正義が告発し、七月に関係者が一斉に検挙された。長溥の世子で知藩事であった黒田長知《ながとも》の責任も厳しく追及される事態となった。この時の金子の言動が興味深い。

修猷館では塾生たちが「旧主を擁して福岡城にたてこもり、城を枕に討ち死にする」という大時代的な決議をしそうになった。金子は次のようにのべて、それに反対した。

諸君は維新の精神がわかっていない。徳川幕府はすでに倒れて、政権は朝廷に復したのである。よって、我国の君主は天皇であり、黒田公も朝廷の重臣で、我々藩士ももはや朝廷の直臣なのである。もし、旧主が罷免されたり、僻地に転任させられても、我々は朝命に従うのみなのだ。福岡城にたてこもれば、かえって旧主を死地に陥れることになり、それこそ不忠ではないか。

（『自叙伝』一）

金子の発言で場は白けて散会した。金子は不快を禁じえず、講堂の壁に落書きをして「腐儒が何か書かれたものをゴチャゴチャ読んでいる（腐儒喋々読何書）」と一句をそえたという。

このエピソードには、金子の性格がよく現れている。黒田長溥が暴発する勤王派を嫌ったのと同様の、エリートらしい沈着さ。これは良い面である。それにしてもこの金子の変わり身の早さはどうだろう。君臣の立場の変化の理屈は合っているとしても、これまで一心に勉強してきた儒学の師を「腐儒」呼ばわりするあたり、金子の「機会主義者」の面がはじめて現れたのである。この心境の変化は、ちょうどこの時はじめて目にした『弘道館記述義』と『新論』に影響されたものらしい。

「腐儒」の落書き事件後、金子は水戸学に没頭した。「余は青年の時より源平盛衰記、太平記、王代一覧等を通読した上にも、日本の真の歴史及び国体の尊厳なることを解得せざりしが、さきに一たび弘道館記述義を通読し、始めて日本の歴史と国体とを解得するに至りたり」と金子はこの時のことを回想している。

金子の言動に影響を与え続けたこと、金子が晩年に極端ともいえる国体論者になることを踏まえ、ここで少し水戸学について述べておきたい。水戸学は、徳川光圀の『大日本史』編纂にはじまるが、幕末の尊王攘夷思想の基軸となったのは、水戸藩主徳川斉昭《なりあき》（徳川慶喜の実父）が設立した藩校弘道館の会沢正志斎、藤田東湖らが唱えた思想であった。会沢正志斎は『新論』で、列強に脅かされている日本の危機的状況を訴え、日本は天皇が途絶えることなく治め続けてきた「神州」であると主張した。この天皇が統治する国のかたちが「国体」なのである。藤田東湖は『弘道館記述義』で「宝祚《ほうそ》無窮、ここを以て国体の尊厳なり」とし、天皇の位が永遠に続くことが、日本の国体であると論じた。『新論』と『弘道館記述義』は、尊王攘夷を唱える者のバイブルとなり、「国体」の語は一般に広まった。ただし、水戸学は尊王ではあったが、反幕府ではなかった。御三家の地位は幕藩体制あってのものだったからである。

水戸学の思想は、明治憲法や教育勅語にも影響を与え、昭和期には極端な国家主義の基盤となったため、現在では「危ない」思想だというイメージが強い。しかし、たとえば『新論』の主張は、外圧に対する強烈な危機感から生まれたもので、その内容は、閉塞的だった幕末社会の改革論という一面もあった。また、国体の尊厳を高らかに謳ってはいても、水戸学の思想は単純な排外思想でもなかった。なぜならば、攘夷を実現するためには、軍事力の向上が必須であり、それには欧米列強のことを知る必要があったからである（星山京子「水戸学と近代日本」）。

日本国家を中心に考える国家主義と、西洋の知識を導入する国際主義は、同居しえたのである。先にみた蘭癖大名だった黒田長溥の上申書も、「皇国」の発展のためには開国して西洋に学ぶしかないという論理だった。本来ならば日本だけでよいが、それでは世界のなかで生き残っていけないので、便宜的に西洋学を身につけるという戦略としての国際主義は、アメリカに留学した金子にはっきり現れることになるだろう。

ところで、水戸学の何が青年金子堅太郎をとらえたのだろう。水戸学では、仏教を攻撃し、まちがった儒教の解釈が日本をゆがめたと批判するが、基本的には儒学が根本になっている。よって、儒学の素養を修めていた金子には理解しやすい論理が並んでいたこともあろう。しかし、何より魅力的だったのは、皇室の存在を持ち出して、既存の秩序を見直していた点だと思われる。それならば、勤王派の志士たちと同じことになるが、金子の特徴は、水戸学を学ぶことで官学儒教一辺倒だった当時の学問世界のなかで、自分の存在を顕示しようとしたことである。変わり身の早さ（機会主義）と自己顕示欲。水戸学と出会った金子は、しだいにその性格が明らかになっていく。

水戸学に新たな可能性を見いだした金子は、いよいよ東京に旅立つことになる。

東京へ

一八七〇年一一月、金子は藩命により東京に遊学することになった。同じく上京を命ぜられた恩師の正木昌陽とともに出立し、一二月一日、金子は霞ヶ関の福岡藩邸に到着した。藩費生は、漢学・和学・洋学などに分かれて学ぶことになり、金子は昌平黌《しょうへいこう》の中博士だった藤野正啓《まさひら》の家塾に入学した。ところが、『弘道館記述義』を音読していたことを藤野にとがめられ論争し、藤野の芸者遊びを咎める意見書を書き、退塾してしまった。これ見よがしに『弘道館記述義』を音読するほど水戸学や国学に傾倒していったことを、後年金子は次のように語っている。

会沢正志の新論という本を買ってこれを読みました。この本は二冊ものにして弘道館記述義よりも尚日本の歴史が詳しく書いてある。しかしてその中には国体に関する上中下三編の論説がある。私はこれを読みて益々東湖先生の学問に敬服し、ついに水戸の大日本史を読むまでになった。

（「憲法制定と東湖先生」一九三二年、『著作集』三）

国体思想に熱中していた金子だが、ある国学者の鉄道に乗ると病弱になるから鉄道敷設に反対だという意見には首をかしげている。水戸学も国学も、非合理的な面をもつが、この点金子は「君子は怪力乱神を語らず」の立場だったのだろう。

一八七一（明治四年）年七月、廃藩置県が行われた。福岡藩は偽札贋造事件の責任をとらされ、黒田長知が知藩事を解任され、廃藩置県の直前に有栖川宮熾仁《たるひと》親王が新知藩事になり、事実上廃藩されていた。偽札贋造事件の関係者は斬罪に処せられたが、廃藩置県の混乱を押さえるために、福岡藩を厳しく処断したのではないかと考えられた。

廃藩に伴い、洋学生を除く東京の遊学生に帰福が命じられた。金子はここで福岡に戻っても仕方がないと考え、維新政府に出仕していた親族の平山能忍の元に寄宿させてもらい、洋学を学ぶことにした。

のちに英語の達人となる金子に最初に英語を教えたのは平賀義質《よしただ》だった。平賀も福岡藩士で、藩命でアメリカ留学をし、維新後は司法省に勤めていた。平賀の従僕となった金子は、雨の日は裸足で供をし、司法官たちの退庁時は土下座した。金子は今に見ていろと悔しがったが、金子がにらんでいた佐々木高行司法大輔《たいふ》は、後に金子の立身のきっかけを作ってくれることになる。

金子の苦難の日々は、黒田長知のアメリカ留学への随行を命じられたことで一変した。黒田長溥は、側近を随行させると家来扱いして長知のためにならないので、金子を選んだとされる。しかし、金子がいかに優秀だったとはいえ、ようやく士分となったような彼がなぜ長溥の目にとまったのだろうか。何か特別の功績が評価されたのであれば、自己顕示欲の強かった金子が後に自慢しそうなものだが、随行者選抜の理由は語っていない。

金子とともに平賀家に寄宿して英語を学ぶ少年がいた。後に三井財閥を率いることになる団琢磨（二三頁写真、左から二人目）である。団琢磨は、福岡県大参事団尚静の養子だった。団家は家禄六〇〇石、まさに槍を立てて登城する家柄だった。金子は団少年の印象を「若様」と語っている。岩倉使節団派遣が決まると平賀義質も佐々木高行の随行を命じられて海外に行くことになった。黒田長知も使節団に随行するわけだが、団琢磨は、英語を学んでおり、家柄もよく、実父がかつて長溥に近侍していたこともあって白羽の矢が立った（『男爵団琢磨伝』上巻）。ここからは推測だが、平賀は、琢磨のみを推挙しては従僕として苦労をしている堅太郎が気の毒だと考えて、ついでに金子を推挙したのではないだろうか。

洋行の決まった金子の身辺は慌ただしくなった。長溥の好意により、洋服を仕立ててもらい、辞書など細々としたものも買い与えられた。英学に専念するため、漢籍はすべて処分した。一夕、長溥の招待で、金子ははじめて洋食を口にした。「「ロースト」の牛肉より血の出るをみてはほとんど嘔吐」しそうになったが、これからは洋食だけになるんだぞと長溥に言われて、君命には逆らえないと渋々食べたというエピソードもあった。アメリカ留学を前に、金子は次のような漢詩を読んだ。「陽関の一曲は別離の杯／万里《ばんり》鵬程《ほうてい》意壮《さかん》かな／北米の文明世界／登竜門として遥かに吾来たるを待つ」。一八歳の青年金子堅太郎の燃えるような想いがうかがわれる。

第二章　留学生たちの肖像

一、岩倉使節団

明治新政府の課題

一八六八（慶応四）年三月一四日、明治天皇は五箇条の御誓文を天地神明に誓い、明治新政府の基本方針を示した。「広く会議を興し、万機公論に決すべし」にはじまる五箇条だが、第五箇条「智識を世界に求め、大に皇基を振起すべし」が問題だった。倒幕のエネルギーが尊王攘夷思想から生まれたことは、前章でみた通りである。智識を世界に求めるということは、開国和親でいくことが前提になる。

幕府を倒すために立ち上がった志士の多くは攘夷思想の持ち主だった。幕府側も、本音のところは外国嫌いの者が多かった。攘夷を実行するために倒幕したにもかかわらず、新政府は開国和親でいくと宣言したのだ。

西郷隆盛・大久保利通・木戸孝允らには、攘夷が不可能であることはわかっていた。自分の鬱憤をぶつけて外国排斥を絶叫するような情熱では近代国家の建設はできない。そこで、攘夷など忘れたかのように日本を世界に開くことを宣言したのである。

この第五箇条は、智識を世界にもとめることで、皇基（天皇が日本を統治する基盤）を盛り上げようということである。つまり国体を安定させるための国際化とも読める。ここでも前章で指摘した、日本強勢のための戦略としての国際主義が宣言されているのである。

では、なぜ国際主義によって皇基を振起しなければならないのか。それは万国対峙のためだった。万国対峙とは、世界の中で日本が対等な立場でわたりあっていくことである（勝田政治『明治国家と万国対峙』）。幕末来の経験から、軍事力に代表される様々な分野で日本が欧米列強に大幅に遅れていることを思い知らされた。この遅れを取り戻すためには、「神州」日本はすごいのだなどと胸を張っていてもどうしようもない。まずは、西洋文明を取り入れ、日本を文明国にすることが求められたのである。具体的には、近代国家の制度作りをすることである。

廃藩置県は、近代国家建設のためには避けては通れない施策だった。封建から郡県（中央集権）へというのが、維新政府最初の大きな課題だった。廃藩置県は経験した金子堅太郎だが、アメリカ留学は一八七一（明治四）年から七年間に及んだ。金子は、日本で大変革が進んでいるときを異国の空の下で過ごした。ここでは、金子の帰国までのできごとを、後の彼の活躍に関係することを中心にみておきたい。

欧米諸国型の近代国家をめざすことになった時点で、日本は東アジアの旧来の国際秩序から抜け出すことになった。中国文明の中心と（華）とそれの及ばない野蛮（夷）というかたちで認識される華夷秩序が、古代からの東アジアの国際秩序だった。朝鮮の歴代王朝のように、中国の周辺国は中国皇帝に臣従して国王に認めてもらう形式をとった（冊封）。ところが西欧の国際秩序は、国家主権を確立した対等な国家が並列するもので、国家主権と領域の確定が重要視されるものだった。

ただし、対等な国家間関係を掲げる西欧の国際秩序にあっても、対等性はあくまで文明国同士のことであった。西洋文明の価値観からみて文明の域に達していないとみなされた半開国や野蛮国は、国際法の適用外とされ、不平等に扱うことが当然とされていた。こうした発想を「文明国標準」と呼ぶ。欧米諸国が幕末の日本に不平等条約を押しつけたのも、「文明国標準」の発想に基づいたものだった。

日本も、この西洋国際体制に従って、隣国との関係を再構築しようとした。江戸時代から外交関係のある李氏朝鮮に使者を送ったが、清に服属する朝鮮は、日本が提示した新たな国際秩序の受け入れを拒んだ。それでは朝鮮の宗主国である清との関係を構築しようということで、一八七一年に日清修好条規を調印した。対等条約だった。ところが、日清間でやっかいな問題が発生した。台湾に漂着した琉球の領民が原住民に殺害されたのである。琉球は、薩摩藩が支配下に置いていたが、清にも服属していた。日本政府は、清に抗議したが、台湾の原住民は「化外の民」であるため、清には責任はないという回答だった。ここには二つの問題があった。そもそも、清にも朝貢している琉球民は日本人なのかという点、台湾の原住民に関知しないというのであれば、台湾は清領か否かという点である。

琉球の両属や「化外の民」は、華夷秩序では問題なかったが、西欧国際法では通用しないことだった。結局、この問題の解決をめぐり日本は台湾出兵を断行し、日清戦争での台湾の植民地化にいきつくことになった。

内政においても、矢継ぎ早の改革が進んだ。万国対峙のためには、武士だけが国を守るのではなく、国民皆兵の意識を育てなければならない。一八七三年には徴兵令が出され、武士の武力独占が否定された。くわえて廃刀令が加わったことで、士族の誇りも否定された。また、秩禄処分によって武士は家禄をも失うことになった。誇りも収入も奪われた士族の不満は、国会の開設を求める自由民権運動に向かっていった。

五箇条の御誓文の「広く会議を興し、万機公論に決すべし」というのは、民主主義を訴えているものではなかった。幕府・諸藩ともに一握りの上級武士層に政治が独占されていた状態を否定し、倒幕に活躍した下級武士たちも広く政治に参画させたいという意味だった。ところが、実際の維新政府は薩長土肥四藩の有力者が独裁する「有司専制」だった。その上、士族の意見を聞かず、次々と武士の存在理由を否定する政策を実行したのである。

自由民権運動は、現在考えられている自由主義や民主主義を最重視したものではなく、維新政府の「有司専制」に対する抗議運動という側面が強かった。そうとはいえ、国会の開設を求める以上、憲法に基づく立憲政治を要望することにつながらざるを得なかった（松沢裕作『自由民権運動』）。

ところで、中央集権化にしろ、立憲政治の確立にしろ、それらはすべて日本が万国対峙していくために必須のものであった。幕末の不平等条約は日本が文明国とみなされていないことの証であり、これを改正することは、最重要外交課題となった。条約改正と文明化は表裏一体の関係だったといえる。

岩倉使節団の随員

左にあげた写真（右）は、岩倉使節団の有名な記念写真である。一八七一年一一月にアメリカ汽船「アメリカ号」で出発した使節団が、サンフランシスコに到着して撮影されたものである。左から木戸孝允（参議）、山口尚芳（外務少輔）、全権の岩倉具視（右大臣）、伊藤博文（工部大輔）、大久保利通（大蔵卿）である。岩倉が四七歳、大久保が四二歳、伊藤にいたってはまだ三一歳だった。岩倉の姿が妙である。公家風のまげに羽織袴であるが、シルクハットを持って革靴というういでたちなのである。岩倉はこの後、シカゴで断髪して、かつての五百円札の肖像で知られるオールバックの髪型になった（写真左）。

岩倉具視

岩倉使節団（1872年撮影、左から木戸孝允、山口尚芳、岩倉具視、伊藤博文、大久保利通）

使節団の目的は、欧米諸国の視察・友好親善と条約改正の予備交渉をすることだった。しかし、使節団は最初のアメリカで躓いた。改正交渉のための天皇の信任状に不備があることを指摘されて交渉が頓挫したのである。維新政府はいつ倒れるかわからない状況だったが、首相格の岩倉、閣僚の木戸、大蔵省のトップの大久保らが、一年以上（最初の計画では九ヶ月間）も日本を留守にして外遊をするのであるから、無茶な計画だった。維新政府としては、文明国をめざすにしても、何をどうすべきかわからなかったのである。よって、百聞は一見にしかずで、不安な国内情勢でありながら外遊を優先したのである。

早く日本に帰らなければならない使節が欧米を視察するだけでは不十分だった。じっくり西洋文明を学んでもらうために、使節団に四三名の留学生を同行させた。アメリカ留学組には金子や団のほか、大久保利通の実子牧野伸顕（後外務大臣・内大臣）や六歳の津田梅子（女子英学塾、現在の津田塾大学創設）がいた。フランス留学組には中江兆民がいた。中江兆民がルソーの社会契約論を紹介して話題になったことが、金子の出世の機会をつくることになる。鍋島直大（元佐賀藩主）や前田利嗣（加賀前田家当主）など、黒田長知同様のお殿様もいた。

維新政府が開国和親の方針を示したことで、海外留学生は増加していた。幕府が派遣した留学生も、政府が引き続き官費で留学を継続させていた。留学先は米英独仏の順に多く、一八七四（明治七）年あたりまでの累計で五八〇名あまりにもなった。アメリカへの留学生が多かったのは、アメリカ人宣教師たちの斡旋と、新興国の方が日本人の学ぶところが多いだろうという判断があったからだとされる。旧藩主層の留学は、もちろん財力がものをいったが、金了や団のような優秀な人材をお供させることも重要な目的だった（石附実『近代日本の海外留学史』）。

留学生たちは、日本の命運を担っているといっても過言ではなかった。欧米で最新知識を学んで帰国すれば、当該分野の日本での第一人者になるからである。近代国家建設のためという目的もあって、修得分野は実学が優先された。化学・工学・医学などの自然科学、法学・経済学などの社会科学、くわえて軍事など、すぐに役立つ学問の修得が重視されたのである。

さて、一八七一年一一月に横浜を出港した岩倉使節団にあって、黒田長知・金子・団の三人は上等船室の一つを割り当てられた。長知は、一八三九年に津藩主藤堂高猷《たかゆき》の三男に産まれ、長溥の養子となった。よって、使節団に随行したときは三〇歳を越えており、英学をそれなりに身につけていた。団はともかく、ようやく十分になった金子にとって、旧藩主と同室で寝ることなど思いもよらなかったであろう。アメリカまでの船旅は、金子ら留学生にとって、西洋のマナーを学ぶ機会でもあった。まだ若かった使節たちも、気軽に随員に声をかけて談笑した。

使節団は、一二月六日にサンフランシスコに到着した。一四日、副使の伊藤博文が英語で次のような演説を行った。

我国旗の中央に点ぜる赤き丸形は、最早帝国を封ぜし封蠟の如くに見ゆることなく、将来は事実上その本来の意匠たる、昇る朝日の尊き徽章となり、世界に於ける文明諸国の間に伍して前方に且つ上方に動かんとす。

（瀧井一博編『伊藤博文演説集』）

当時の金子にこの英語演説が理解できたとは思われないが、「文明諸国の間に伍して」いく、つまり万国対峙の心意気を述べた演説であった。金子堅太郎の運命を決する留学の日々がいよいよはじまったのである。

ところで、使節団は、アメリカで予想外に長く時間を費やした後、ヨーロッパに向けて旅立った。ヨーロッパ各国の最新の文物を見学しつつも、すぐに役立つ実学だけでは近代国家を築けないことに気づくようになる。大英博物館を見学した時、次のような感慨を抱いたのである。

博物館に入って、昔の拙いできの遺物をみれば、その時代の苦労がしのばれ、すばらしさに気づけば、現在の怠惰を感じ、進歩していくさまをみれば、これからも努力していかなければと感じる。感動を覚えて、勉強しようという気持ちがわき上がってくるのを止められない。

（久米邦武編『米欧回覧実記』（二）、一一四〜一一五頁）

博物館はがらくたの骨董品を展示しているのではない。自国のなりたちを提示し、国民に誇りと一体感を抱かせるための装置なのだ。つまり、制度や技術の皮相を学ぶだけでは文明国になれない。こうした想いは、後に金子が晩年に修史事業を重視することにつながっていくのである。

金子が日本で平賀義質の家塾にいたのは数ヶ月間にすぎないことを考えれば、渡米時の金子は英語がほとんどできなかったと考えてよい。金子は、アメリカに到着してから文字通りＡＢＣから学習をはじめた。金子の次の回想を読んでみよう。

西川（西川友喜、黒田長知の通訳に雇われた在サンフランシスコの元会津藩士：筆者注）に就き英語の会話習い又「ペンメンシップ」（英文の書き法）の書冊により、A、B、Cより数字に至るまでの習字をなし、あるいは単語篇により英語の初歩を字引にて稽古を始めたり。

（『自叙伝』一、七二頁）

海外情報のあふれる今日では想像しづらいが、金子は、アルファベットはもとよりアラビア数字も知らなかったということがわかる。

金子は、黒田長知がハーバード大学入学を希望していたため、ともにボストンへ行き、小学校教師のジャセイ・アリソン（二三頁写真、左端）について英語の猛勉強を開始した。団と散歩に出たときに迷子になっても英語で説明できないため、「Please direct me to Appleton Street」という紙片を持たされていたという。英語だけではなく、数字も知らなかったのだから、足し算引き算にはじまり、様々なことを小学生の教科書を使って勉強していった。一八七二年九月には、小学校第四級に入学した。一九歳の小学生の誕生だった。小学校には礼拝の時間があり、金子ははじめてキリスト教に触れることにもなった。英語力はともかく、学力の高かった青年金子堅太郎が小学生と学ぶのであるから、当然成績は優秀だった。第一章で、漢学学習が「勉強の作法」を身につけることになったのではないかと指摘したが、事実、金子は次のように回想している。

余は屢ゝ英論文を起草して提出したり。この時の論文は、いつでも米人の生徒より優秀なりき。是は福岡の修猷館にて漢学を修め、ことに正統の文章軌範を修得したる素養が発して英文となりたるによる。

（「明治四年渡米後懐旧録」、『自叙伝』一、二三二頁）

アメリカ式の教育で役に立ったのは、詩文の暗唱演説を生徒にさせることであった。こうした訓練のおかげで金子の演説上手は定評となり、後年、日露戦時の広報外交で威力を発揮することになった。

一年間で小学校の最終級に進んだ金子だが、進路の問題が浮上した。団琢磨は工科大学の予備学校進学を希望したが、金子はハイスクール進学を望んだ。金子は海軍兵学校に入学するつもりだったが、医師からさほど体が頑強そうにないと言われたので、ロー・スクール進学を決断したようである。金子は引き続きアリソンについて英米文学・フランス語などを習い、ハイスクール入学に備えた。

一八七四年九月、ハイスクールに進学した金子は、ここでも演説の仕方を学んだが、発音に難があると指摘され、発音の勉強に励んだという。

晩年の金子はほとんど欧米のことを褒めなくなったが、アメリカの普通教育は高く評価していた。猛勉強した金子であったが、日本式の詰め込み教育には批判的で、一九二九年に行った次の演説は、現在の日本の初等教育批判にもつながるものである。

日本では二ヶ月の夏休みに宿題をたくさん出す、七つ八つの子供に日記をつけろという、日記をつけてどうなりますか、これは私は大変まちがっておると思う、アメリカではそういうことはせぬ、イギリスでもせぬ、日本では学校というものは子供をいじめるところのように見える、これははなはだ言い過ぎるか知らぬけれども、今の教育家の頭が間違っている、現にアメリカの子供は日本のような弱った顔をしないで、元気に帰ってくる、その勇気勃々で勉強するから頭も良くなる。

（「普通教育に関する意見」一九二九年、『著作集』三）

実際、留学中の金子は、夏休みにアリソンたちの避暑旅行に同行し、はじめてのダンスを楽しむという経験もし、ピクニックの時ゲームに興じたことで随分英語もうまくなったそうである。金子の英語修行は充実し、効果が高かったことはまちがいない。

さらなる高みをめざしハーバード大学進学の準備中に、金子は生涯の師となる人物と交流を深めることになった。

二、ハーバード大学ロー・スクール

ホームズとの出会い

ハーバード大学ロー・スクール進学を決意した金子は、法律の専門家の助言を仰いだ。オリバー・ウェンデル・ホームズ・ジュニアである。ホームズ・ジュニアは後に連邦最高裁判事となる弁護士で、父はハーバード大学医学部の教授で詩人としても有名だった。

当時のボストンには「ブラーミン」と呼ばれるエリートの華やかな社交界があった。金子はホームズを通じて、この社交界入りを果たすことができた。ブラーミンでは、開国したばかりの東洋の国日本への関心が高まっており、留学生を温かく歓迎した。（塩崎智『アメリカ「知日派」の起源』）

金子はホームズから、法律は歴史や伝統のなかで形作られるとする当時流行の歴史法学を教わった。金子が読んだのは、メイン（Maine）の『古代法』、カトルファージ（Quatrefages）の『古代市』と『古代の婚嫁』、モーガン（Morgan）の『古代社会』などであった。カトルファージの『古代市』とは、クーランジュ（Coulanges）の『古代都市』の記憶違いであろう。これらの書籍の特徴は、古代の人類社会を研究することで、到達点である模範としての西洋文明社会になぜ至ったのか、西洋以外の地域は何がちがっていたから西洋文明のようになれなかったのかを解明するという観点だったということである。また、モーガンは、人類社会を発展の段階で文明・未開・野蛮に分けたことでも知られる。

ホームズは、当時のアメリカの知識人として、「文明国標準」的な発想であったことは、その選書からも明らかである。問題は、まだ半開国とみなされていた日本の青年金子堅太郎が、これらの書籍を「普遍的」な研究成果として身につけていったことである。この後の欧米人との交際でも明らかになるが、金子の出会った欧米人は、金子個人に対しては文明人同士として対等につきあってくれたが、日本に対しての偏見は消えない人物が多かった。金子は、自身を欧米人と同じ立場に置いて「文明国標準」的な論理を学んでいったのである。日本の国としての国際的地位と金子の自己認識の差は、この後、日米問題に関わる金子を苦しめることになった。また、この落差は、金子に限らず、明治期に海外で学問を修めた日本人エリートの多くに生ずるものであった。

人類の発展のありかたを研究するという視点は、人類学という新しい学問を生んだ。この時期、人類を人種の違いにより区別する研究が進んだ。肌の色・骨格の違いなどにより、人類は優れた人種・劣った人種に「科学的」に分類されていった。金子が記憶違いで挙げていたカトルファージも人類学研究の権威だった。人種により発展の段階に差があり、白人の文化や制度のあり方が最も発展に適していたからだとするホームズの推薦書を読んだ金子には、社会進化論が目前に迫っていたといえる。金子は、社会進化論の主唱者スペンサーから多大な影響を受けることになるが、そのことは後述したい。

進学準備中の金子は、フィラデルフィアで開催された万国博覧会を見学した。万博は、第一回ロンドン万博や第四回パリ万博が有名だが、この時期の万博は文明の展示場であり、フィラデルフィア万博を見た金子も「世界各国より持ち来たりたる陳列品を見て、ただ驚くのほかなかりき」と感想を残している。日本も一九一二年に万博を企画し、金子は日本大博覧会会長に就任し尽力したが、結局中止となった。日本大博覧会会長としての金子の議論には、ホームズを通じて学んだ文明と野蛮という発想が現れていた。金子は万博には「世界的教育」という目的があるとし、次のように論じた。

万国博覧会を開催して、教育・学芸・電気・機械・工芸・農業・水産・工業等各般の物を出せば、アフリカの未開の人民が提出する物もヨーロッパの中心にいる文明国の人民が学ぶべきことは多くある。もちろん、欧米先進国の人が未開国の人民に教えることは多くある。（中略）万国博覧会で、世界の人は知恵の足らないところを万博で見て聞いて自分の知識を啓発するのである。

（「万国博覧会開設の目的」一九〇七年、『著作集』五）

金子の「文明国標準」の発想は、ハーバード大学ロー・スクールで学ぶことで、さらに強まることになる。

ハーバード大学へ

いかに金子が優秀だったとはいえ、数字も知らなかった状況から五年間程度の学習でハーバード大学に入学できたのだろうか。実は、金子の入学の年まで、ハーバード大学ロー・スクールは無試験で入学できた。現在は世界最高峰の大学も、当時は近代化の最中で未整備だったのである。一八七六年一〇月、金子堅太郎は無事ハーバード大学ロー・スクールへの入学を果たした。学費は年二〇〇ドルだった。下宿に移った金子は、ここで日本外交史に重要な足跡を遺した人物と同宿することになる。小村寿太郎である。

小村寿太郎は一八五五年日向国（現在の宮崎県）飫肥《おび》藩の下級藩士の家に生まれた。一八七五年に第一回文部省留学生としてハーバード大学に入学した。金子より二歳若いがハーバード大学では一年先輩ということになる。小村は、後に外務大臣となり日露戦争時の日本外交を指揮することになった。金子と小村の同宿時代の興味深いエピソードがある。

ある時両人とも眼病にかかって、医者から燈下読書を当分廃せよと戒められた。金子は小村に、「日没から就寝まで無為に蟄居するのも興がない。僕は他日外交官になろうかと思うから、夜は出でて大に社交を学ぼうと思う、君も一しょに来んか」と。小村は常に言を左右に托して応じない。一夜金子は深更帰り来たって室に入れば、小村は長椅子に横わり天井を眺めつつ思索に余念がなかった。

（外務省編『小村外交史』）

晩年の気難しい金子からは想像がつかないが、ハーバードに入学した金子は社交につとめたようである。外交官を志していた金子が憲法起草で活躍し、法律家を志していた小村が外相として名をなしたあたりが面白いが、金子の回想に小村はあまり出てこず、年少の小村の方が有名になったことへの嫉妬もあったのかもしれない。

金子はロー・スクールで法律の基礎を学び、グレイ（John Gray）教授などとは家族ぐるみで親交を深めた。明治憲法起草に関わる金子だが、憲法学の授業がなかったため、ホームズの指導で自習したようである。金子の大学生活は次のようなものだったという。

講義は二階の講堂にて聞き、その講義にて参考書を教示せられたる時は、階下の図書館にその参考書を披読して研究す。（中略）大学修学中は、身体の健康を第一とするがために、午後五時になれば、何事も打ち捨てて、小村と共に市内または郊外を散歩したり。（中略）余は、入校の後、ヱイムス倶楽部部員に選挙せられ、新旧の倶楽部員と会合して法律問題を研究し、且つ私擬訴訟の練習をなしたり。

（「明治四年渡米後懐旧録」、『自叙伝』一、一二五六頁）

必死で勉強したのはもちろんだが、金子は「ブラーミン」とのつながりを深めていった。この頃の金子は、髪をオールバックにしピンとはね上げたカイゼル髭を生やした神経質そうな顔をしており、一〇〇ドルで新調した燕尾服に身をかためパーティーなどにもしばしば通った。

金子が記憶力抜群で物事の理解も早く的確だったことはまちがいないが、学んだことを思想的に深めるというより、知識の量を増やすことでよしとするタイプであったことは、その多くの著作や講演などからうかがわれる。西洋文明を即物的に学ぶ姿勢は、旧主黒田長溥から国家に役立つ人になれと激励され、留学費用も出してもらっている金子の立場を考えればいたしかたなかった。それでも、社交界に出入りするなかで、金子は人文学や美術にも接するようになった。また、ハーバード大学元教授のフィスク（John Fiske）との交流から、メインの『古代法』が説く法律の進化とスペンサーの社会進化論が同じ論理の上に成り立っていることに気づいたりもした。

ところで、当時アメリカでは、すでにアジア系移民の流入が社会問題となり始めていた。安価な労働力であるため白人の職を奪うという経済的側面だけでなく、黄色人種に対する差別意識もあった。中国人排斥法案が議会に提出されたことはハーバードの学生間でも議論となっていた。ある討論会で中国人排斥を支持する意見が主となった時、金子は「支那人放逐法案は米支条約違反なるのみならず、人道に背き、米国建国の主義に反する」と演説し、議論を逆転させたこともあった。まさか金子も数十年後に同じ論理で日本人排斥をアメリカに抗議する立場になるとは思ってもみなかったであろう。

充実した日々を過ごした金子は、一八七八年六月、法律学士の学位を取得し、ハーバード大学を卒業した。

ここで、金子のハーバード大学時代のいくつかのエピソードから、金子の西洋文明受容のあり方を考えてみたい。一八七六年のある日、アメリカに留学して聾唖教育を学んでいた伊沢修二（後、文部省編輯局長）がやってきた。「人の話し声をどんなに遠くにでも、たちまち伝えるテレフォンという機械がある」から見に行こうと誘われた。小村も誘い三人は、伊沢の師でもあったベル（Graham Bell）という人物を訪れた。そこで電話を使ったというのだ。世紀の大発明を日本人が最初に使ったのはこの時であった。

一方、金子は西洋文明の背景にある精神文化にはあまり関心を示さなかった。維新期、キリスト教が解禁されると、多くの青年の心を奪った。キリスト教に触れることで西洋文明に近づきたいということもあったろうが、宣教師の禁欲的な生活ぶりが、青年の精神主義を刺激したのである。金子は小学校で学んでいたとき教会に通ったが、それは「米国における宗教心の実況を観察」するためだったとしている。また、アメリカの民主主義に対しても制度には関心を示してもその内実に踏み込んだ形跡はない。

幕末維新期に西洋文明に触れた日本人の反応は、おおよそ「惑溺型」・「反発型」・「相対型」の三つに分類できる。「惑溺型」は、西洋文明を絶対のものとし、日本を完全に否定してしまうような反応である。金子は留学して間もない時、ボストンを訪れた森有礼公使の次のような演説を聞いた。

> 現在の日本語は不完全なれば、これを改善するにあらざれば日本を文明の域に進ましむることあたわず。（中略）現在の英語の綴り方、語尾の変化等を改良し、簡単なる英語となし、これを将来の日本語となさんと欲す。また将来日本を

文明国となさんとするには、まず日本人種を改良せざるべからず。これを実行するには日本人は米国の女子と結婚すること必要なり。

（『自叙伝』一、八三頁）

金子も「随分突飛な意見」と回顧しているが日本人種改良論や国語を英語にすべきだとする意見は、明治初期にまじめに唱えられたのである。

一方、「反発型」は圧倒的な西洋文明の繁栄と力に引け目を感じ、感情的な反発をするものである。攘夷思想も欧米列強の軍事力に対抗できないことがわかった上で西洋人排斥を訴えたのである。反発型の反応は、現在でも○○脅威論というかたちで現れる。この場合、相手の欠点をあげつらうのと同時に自国の美点を誇ることが多く、欠点も美点もともに根拠薄弱である。「反発型」は、異文化に対応する能力や柔軟性がなく、ともかく毛嫌いするという反応でもある。これは国際主義と国家主義の関係を考える本書では論外の立場だが、実際の政治外交では無視できない。なぜなら、とにかく嫌いだというような反応はとかく世論になりがちだからである。

三つめの「相対型」とは、西洋文明は西洋文明、日本は日本と割り切って冷静に受け止める反応である。先に岩倉使節団の記念写真を紹介したが、岩倉具視を除いて皆洋装であった。視察団も優れた西洋文明に日本をいかに近づけるかという発想で行われた。しかし、岩倉使節団から十数年前に幕府が派遣した万延の遣米使節団は皆狩衣を着て、槍持ち草履取りを従えてホワイトハウスに乗り込んだ。万延の使節団は、アメリカの技術力に驚き社会政策の充実を賞賛しながらも、日本は礼儀の国であり西洋とは違うという意見を変えなかった。万延の使節団の態度は、佐久間象山の「東洋道徳西洋芸術」の考えを彷彿とさせるものがある。

さて、金子の最初の英語の著作は、『娘節用』の抄訳であった（『著作集』四所収）。『娘節用』とは、武家社会の義理と人情を描いた人情本である。日本の文化を教えたいという意図で翻訳したのであろうが、人情本が江戸時代の「文学」であると認識されるのは後のことで、義理人情の小説など、文明国らしからぬもので恥ずかしいと考えるのが、当時は一般的であった。『娘節用』をあえて取り上げた金子には、日本の文化はそれとして立派なものであるという確固とした信念があったものと思われる。その点、金子は「相対型」であったといえる。

金子が即物的に西洋文明を学んでいったのも、金子が西洋文明を相対化し、あくまで知識を習得するだけだと割り切っていたからだともいえる。もちろん、金子の西洋文明への反応を単純に分類はできないが、金子が豊富な海外経験を積んでいきながらも、終生精神的な面では西洋文明と相いれなかった理由は、金子の冷静な西洋文明受容のあり方に隠されているように思われる。

第三章　『政治論略』と保守主義

一、就職難

西南戦争と自由民権運動

「末は博士か大臣か。」ハーバード大学で法学士の称号を得て太平洋を渡る金子堅太郎は期待に燃えていただろう（後年、金子は博士にも大臣にもなるが）。一八七八（明治一一）年九月、金子は七年間に及ぶ留学を終え帰国した。東京で黒田長溥に挨拶をした金子は帰郷した。家族と涙の再会はできたが、福岡の雰囲気は金子を満足させるものではなかった。

ある日金子を訪ねてきた旧友と口論になった。多くの同志が西南戦争で西郷隆盛に従って戦死したので、私学校を開いて福岡の人びとを率いてほしいと依頼された。金子は、「西南戦争に旧友たちが賊軍に荷担したのは、福岡に閉じこもって天下の形勢を知らなかったからだ。福岡にとどまれば私も方向を誤るようになるであろう。私は、アメリカで学んできた学問を政府の官吏となって政務に応用してその効果を日本全国に広めたい。どうして福岡の小天地に限らねばならぬのか」と峻拒した。旧友は「明治政府は薩長の政府だから、官吏になるのは薩長の走狗になることではないか」と詰め寄ったが、金子は次のように答えた。「明治政府は薩長政府かもしれない。しかし、薩長があったから明治維新が成功したのだ。政府に仕えても薩長の走狗にならず、誠心誠意天皇に忠勤を尽くしたい」(『自叙伝』一)。偽札贋造事件の時と同じで、大勢に逆らう挙に出ようとすることに金子はまことに冷淡だった。

ここで、簡単に西南戦争前後のことを説明しておきたい。李氏朝鮮に維新政府があらためて外交関係の樹立を求めて拒否されたことはすでに述べた。この朝鮮の態度を無礼だとして持ち上がったのが征韓論である。一八七三(明治六)年六月、参議の板垣退助は、居留民保護を名目に派兵して朝鮮を開国させるべきだと訴えた。これに対し、西郷隆盛は、自ら朝鮮に行き説得すると主張したが、その背景には朝鮮で自分の身に何かあれば、朝鮮派兵が可能になり、兵士として活躍の場を与えることで士族の不満を解消することができるとするもくろみがあったとされる。西郷の朝鮮派遣は政府の決定となったが、帰国した岩倉使節団が待ったをかけた。大久保利通は、ほかの外交案件も山積するなかで朝鮮問題の解決を急ぐべきではないと、西郷派遣に反対したのである。

結局、岩倉具視が強引に決定を覆した。これを不満とした西郷隆盛・板垣退助・江藤新平・後藤象二郎・副島種臣の五人の参議が辞表を提出した。西郷を慕う官僚や軍人約六〇〇人も辞職した。この明治六年の政変により維新政府は崩壊の危機を迎えた。

翌年には、板垣らが民撰議院設立建白書を政府に提出したことで自由民権運動が本格化した。この建白書は、有司専制(官僚独裁)を批判し民撰議院の設立を訴えているが、薩長の権力独占への抗議が主眼であった。薩長への不満は、江藤新平の佐賀の乱など、困窮する士族の武力蜂起に発展していった。一八七七年二月鹿児島にいた西郷が蹶起《けっき》し、西南戦争が勃発した。西南戦争は日本で起きた最後の内戦で、鹿児島だけでなく九州各地の不平士族も西郷軍に加わった。また、福岡でも西南戦争に同調して福岡の変が起きた。

西南戦争は、西郷の敗死で鎮圧され、武力によって政府に対抗することは無理であると認識されるようになったが、憲法制定や国会開設を求める動きは、士族だけでなく豪農や都市知識人に広まった。金子が帰国したのは、ちょうどその頃であった。

維新政府への支持表明が遅れた上、福岡の変まで起こした旧福岡藩に対し、政府が冷淡であったのも当然であった。東京に落ちついた金子は、司法省への就職を希望したが、月俸二五円の判任官御用掛を提示された。これは東大の法学部卒業生が採用される職で、ハーバード大学法学士の自分にはふさわしくない職だとして断った。一八七八年一二月、東京大学予備門の教員に月俸八〇円で採用された。

当時の苦衷を金子は懐かしいハーバード大学のグレイ教授に次のように書き送っている（一八七九年八月一日付け）。

日本社会は、私がアメリカに行っている間に多くの面でダメになっています。私には友も助言者も指導者も一人もいないのです。率直さと信頼関係が失われたことは、日本社会の紛れもない欠陥です。利己心がすべての日本人の心を占めています。私たちは誰も信じ合うことができず、疑心暗鬼がいたるところに広がっているのです。（中略）ローマとギリシアの衰退と滅亡を思うと、日本社会は悲しむべき不幸に何と近づいていることでしょう。（中略）今私が東京でどうしているかお話ししましょう。私は東京大学の歴史と文学の教師になり、毎日三時間教えています。残りの時間は自分のために法律と哲学を勉強しています。日本語で英国法についての入門書を出すよう求められています。

（James Kanda ed., The Kaneko Correspondence, 37-1）

手紙にある英国法の入門書とは、後述の「論英国律例」のことかも知れない。毎日を鬱々と過ごす金子は、次項で紹介する共存同衆や嚶鳴社に参加し、自由民権運動に活躍の場を見いだすことになる。

共存同衆

共存同衆とは、小野梓らが一八七四年に立ち上げた政治的啓蒙運動の結社である。小野梓は高知出身で金子の一歳年長である。一八七一年から七四年までイギリスとアメリカに留学し、一八七六年に司法省の官吏となった人物である。

嚶鳴社《おうめいしゃ》は、一八七八年に元老院大書記官沼間《ぬま》守一が設立した政治結社で、共存同衆とともに、言論の自由を主張し、議会開設を論じた。この二つの結社には多くの若手官吏が加わっていた。

金子は、共存同衆と嚶鳴社に参加し、演説や憲法草案作成作業に関わった。金子は、明治一四年の政変で小野梓と袂を分かつことになるが、小野の三三回忌に次のように回想している。

明治一一年余が米国より帰るや、あたかも馬場辰猪《たつい》君もロンドンより帰朝し、我々同人は大に政府の圧迫を受けたのである。というのはこの年は大久保内務卿刺客のために斃《たお》され、政府は英米に留学して帰るものを以て危険なりとし、農科工科の学を修めたもののほかは一切政府に用いなかったのである。余も馬場もともに志を得るあたわず、演説会などを開いてわずかに鬱懐をのべたるくらいであった。小野君はこれを気の毒として、その設立せる共存同衆に出席して演説せよとすすめ、また自分の出仕せる太政官に推薦せんとつとめられたのである。小野君は自分より二つ歳上（実際は一歳上：筆者注）で、馬場は過激余は保守を以て友人間に知られ、小野君は両者の間に立ち一々斡旋をとられた。

（「小野君を懐う」一九一八年、『著作集』三）

当時の金子の憲法構想の一端をうかがうことができるのが、一八七九年から翌年にかけて『共存雑誌』に一〇回にわたって連載した「論英国律例」（英国律例を論ず）である。この論文で、金子は、イギリスで国民の権利が保障されていった歴史的過程を紹介したが、興味深いのは、イギリス王の立場に関する箇所である。金子はイギリス王が種々の権限を有していながら、実際にそれを行使できないことを指摘し、次のように結論づけた。

要するにイギリスの主権は人民の手にあって帝室はただ虚名をもって議会の決定をあおいでそれを批准する手続きをするだけである。これは英国憲法の玄妙な点であり、思うに心して考えるべきである。

（「論英国律例」、『著作集』一）

自由民権運動が盛んであった当時に、こうしたイギリス国王のあり方を紹介すれば、当然「文明国」の見本という意味もあって、議会に制限された立憲君主像を推奨しているととらえられるであろう。後に強烈な国体論者として明治憲法を解釈する金子の議論とはかなり趣を異にするのである。

また、「陪審官を置くべき論」では、「良民より公選した陪審官の決議をあおぐのは文明世界の公法」だと論じた（一八七九年、『著作集』一）。後に金子は枢密顧問官の時、陪審法に憲法違反との立場から反対することになるが、この段階では、陪審制度に賛成していたのである。

次節でみるように、元老院に出仕した金子は、保守的姿勢で知られていた佐々木高行に見いだされ、イギリス型の立憲政治導入に反対することになり、「変節」を非難された。実のところ、金子が短い期間とはいえ、民権運動に関わったことをどう評価するかは大変難しい。序章でも述べたように、金子の回想は晩年になされたものが多く、過去のできごとを晩年の金子の立場に合わせるように脚色していることが多い。回想からははっきりわからないが、帰国当時の金子は、それなりに英米の政治に感化され、憲法上は強い君主権を認めつつも、運用で議会中心の政治を行うことを認めていたのかもしれない。また、官僚の誤謬から国民を守ることも当然と考えていたのかもしれない。

しかし、本書では、金子が機会主義的であったことに着目したい。つまり、金子は自由民権運動にさほど同調していなかったが、政府に職を得るための人脈作りとして共存同衆や嚶鳴社に参加したのではないだろうか。俗な言い方をすれば、身過ぎ世過ぎのための手段だったということである。つまり「変節」したのではなく、とりあえず置かれた状況に適応したと考えられるのである。また、日本を万国に対峙させ、条約改正を実現して国家の名誉を回復させるためには、議会開設は避けては通れない課題だった。よって、国家主義的立場から、民権運動のある部分に同調したともいえよう。金子は憲法制定や国会開設は重視しながらも、一院制議会を主張するものが多い中にあって、「華族院」を置く二院制を主張していた。

下院の議論の欠点を補正して一時的な流行に影響された節を修正削除して公明正大な議決を奏上して、本邦の上院は実に堂々たる日本帝国の立法院としての権力と名誉を維持することを世の中に明示するにいたるであろう。

（「華族院を立るの論」一八八〇年、『著作集』一）

金子は、二院制のチェック・アンド・バランス機能を理解していたようである。保守主義が極端な変革を嫌う漸進主義の思想だとすれば、金子が「保守を以て友人間に知られ」ていたのも肯けるのである。

これ以上推論を重ねても無意味であるが、金子は「変節」したというより、民権運動の結社を足がかりに政府に出仕しようとしたため、とりあえず自由民権の思想に接近したと考えたい。事実金子は、共存同衆・嚶鳴社の人脈から、念願の官吏の地位を得ることになった。

二、勃爾咢《ボルク》の『政治論略』

元老院へ

一八八〇（明治一三）年一月、金子堅太郎は、嚶鳴社の沼間守一の紹介で念願の官吏になった。月俸一〇〇円で出仕したのは元老院だった。

元老院は、当時の政府の立法機関である。明治六年の政変の後、板垣退助は参議を辞任し、木戸孝允も台湾出兵をめぐる意見対立で政府を去っていた。この危機を乗り切るため、七五年一月大阪で大久保・木戸・板垣が会談した。木戸と板垣の政府への復帰の条件が、立憲政治に向けた体制作りをすることであった。これをうけ、漸次立憲政体樹立の詔書が出され、立法機関として設置されたのが元老院だった。共存同衆や嚶鳴社のような自由民権運動を推進する結社に元老院の官僚が参加していたのは、こうした元老院の設置事情を背景にしたものだったのである。当時ではきわめて希少なアメリカで法律を学んだ人材の金子には、元老院は適切な役所だったといえる。

明治政府は不安定なままであった。西南戦争を何とか鎮圧した後、大久保利通が紀尾井坂で暗殺された。また、木戸孝允も西南戦争のさなかに死去していた。

ここで注意すべきは、自由民権運動を行っている者はもちろん、伊藤博文をはじめとした政府首脳も立憲政体への移行が必要だと考えていたことである。「文明国標準」に達して万国対峙するためには憲法を制定し議会を開設することが求められていたからである。問題は、どのような立憲政体にするかということであった。共和政にすることは論外だったとして、天皇の統治権が名目的なものとなるイギリス型をめざすのか、君主権の強いプロイセン型にするのかが対立の焦点だった。

政体をめぐる対立には権力闘争もからんでいた。維新の三傑がいなくなった後、長州出身の伊藤博文と佐賀出身の大隈重信が参議の中核となって大きな力をもつようになっていた。憲法制定を主導すれば、政府を主宰する立場になることは明らかだった。権力をめぐる思惑に対し、より復古的な立場から、立憲政体への移行を警戒する勢力も看過できなかった。天皇が憲法に縛られることになれば国体が変わってしまうとの危惧が、岩倉具視をはじめとする守旧派には強かった。国際的に日本が置かれた立場を考えれば、立憲政体移行を完全に否定することは難しい。しかし、天皇親政こそが王政復古の理想だった。よって、日本の国情を考慮して、できるだけ変革の速度を遅くし、天皇親政の形に近づけるべきだとの主張も無視できなかったのである。

金子が出仕した直後に参議の大木喬任《たかとう》が元老院議長に就任した。大木は、漸進的な立憲政体移行を望み、国体の変更となるような立憲政体に反対していた。金子は出仕間もないころ、ある宴席で大木議長から「君は自由民権を唱えているそうだが、私はそんなことは許さない」と満座のなかで批判された。金子はせっかく得た元老院の職を投げ出さなければならないと覚悟したが、元老院副議長に就任した佐々木高行から慰撫されて離職を思いとどまった。

官吏となった後も、金子は自由民権運動の結社との関係を保った。この時期に嚶鳴社は憲法草案を作成したが、金子も協力したようである。嚶鳴社の草案は、三権分立の上、皇帝に諸般の大権を認めていた。国会を天皇と上院・下院の三部からなる立法機関と定め、大臣（卿と書かれている）は国会に対し責任を負い、国会の信認を失えば失職するとされ、権限が強い国会が想定されていた。

金子の「変節」がどの時点であったか特定できないが、この憲法草案に一定程度賛成していたのであれば、元老院に出仕後も、金子の立場はイギリス型の立憲政体に近いものだったといえる。しかし、機会主義者の金子にとって、政府が警戒する自由民権運動の同志であり続けることは、立身出世の障害でしかなかった。出世は、旧福岡藩士で唯一の奏任官になったことを喜んでいた黒田長溥への恩返しにもなる。こうした折、金子が保守的立場を世間に示すまたとない機会がおとずれることになった。

佐々木高行

金子堅太郎に離職を思いとどまらせた佐々木高行は、一八三〇年に土佐に生まれた（以下佐々木高行については笠原英彦『天皇親政』を参照）。藩主山内容堂の側近として頭角を現し、維新後は刑法官として業績を挙げ、司法大輔となり岩倉使節団に同行し、欧米の法制度を視察した。この時、佐々木と金子は知り合ったようである。

西洋文明に接した佐々木は「相対型」の反応を示した。西洋文明の優れた点は認めつつ、日本の伝統と独自性を大切にしながら、ゆっくりと西洋文明を導入すべきだと考えていた。一八七八年には天皇の側近である侍補に就任し、天皇親政運動を展開した。この運動には、明治天皇に統治者としての自覚を促すことと、権力を独占する薩長勢力を牽制する意味合いがあった。天皇の側近である侍補の権限強化と政治への介入は、単なる権力争いだっただけでなく、欧米諸国に沿った政治体制をめざす政府首脳には近代化の障害にもなった。結局政府は侍補職を廃止し、佐々木は元老院副議長に任じられた。つまりは、要職だが行政の実権のない職に祭り上げられたのである。

こうした佐々木が、政府の進める政体移行を快く思っていたはずはない。佐々木は頭脳明晰な金子を側に置いて、自分の政治活動を助けさせようと考えたと思われる。

一八八〇年一二月のある日、佐々木は金子に次のように尋ねた。

最近、世にいうところの民権論者は、しきりにフランス人ルソーの「民約論」の翻訳書を宣伝して、さかんに自由民権を主張しようとしている。しかし、欧米の政治の学界には、ただ自由民権の学説だけで、保守漸進の学説を論ずるものはないのか。

（『自叙伝』一、一三六頁）

これに対して金子は「イギリスの政治家エドマンド・バークの著書があります。これはルソーの民約論を反駁攻撃した名著で卓見です」と応えた。佐々木は興味を示し、バークの主張の要点を翻訳して提出するようことを望んだ。そこで金子はバークの『フランス革命の省察』と『新ウィッグから旧ウィッグへの訴え』を手に入れ、内容を佐々木に教えた。感激した佐々木は金子にバークの二著の抄訳を命じた。その結果出版されたのが、後述の『政治論略』であり、文字通り金子の出世作となった。

佐々木はバークの主張に力づけられたようで、一八八一年一月には左大臣有栖川宮熾仁《たるひと》にバークのことを報告した。佐々木からみた当時の政体移行の状況がよくわかるため、少し長くなるが紹介しよう。

内閣も今は真の守旧（現状維持）でいわゆる封建や、またかつての政体で進めることはないとは信用していますが、なにぶんはっきりとした国是が定まっていませんので、閣内でも各自の思惑が違うように思われます。高行はもともと議院制には反対ですが、漸次立憲政体樹立の詔書が出ましたからには、ぜひとも詔書を遵守しなければなりませんので、早く方針をお定めにならなくては、急進的民権党のせいで恐るべきことになるにちがいありません。すでに民約論の憲法論者も多いそうです。よって、詔書に基づいて漸進のご意向をはっきりとさせ国是を定めて、確固たる主義を早く立てるのが今日の急務と考えます。こうした折に、幸いにイギリス人の政治家エドマンド・バークという人がいまして、一七三《マ》〇《マ》年に生まれたことでフランス革命に遭遇し、その弊害をみて、大いに政治の主義を述べたのを読みますと、我国今日のご方針をお定めになるためには、非常に有用と信じます。ちょうど元老院の金子堅太郎がバークの書をよく読んでいるのを聞いて、バークの考えを信じ、高行は金子と熟議し、近々バークの本を翻訳することを命じました。バークの考えをご参考になさって政府の方針をお立てになりましたならば、我国の国体には非常に適当かと存じます。

（佐々木高行『保古飛呂比』十、明治一四年一月一一日）

佐々木は国是を確立できない政府が不安であることを強調し、国是を定めるには、自分が見いだしたバークの思想を採用すべきだと有栖川宮に進言したのである。興味深いのは、佐々木が内閣は「守旧」だと評価していることである。これは参議たちの思想が守旧的だということではなく、立憲政体移行が前進しないことを指しているのであって、それが詔書の精神に反することを批判しているのである。閣内の不一致とは、参議の中で、伊藤博文・大隈重信・井上馨は立憲政体を目指していたが、黒田清隆らは立憲政体に反対していたことを言っているのであろう。当時の佐々木と政府の関係を考えれば、政体移行の際に自分の立場を強めるためにバークの思想が利用できると考えたものと思われる。だからこそ、金子の示唆に佐々木は感激したのである。佐々木の期待に勇躍した金子は、四月初めには抄訳の作業を終えた。

しかし、バークの主張は、本当に日本の国体に適当なものだったのか。また、バークの主張のどの部分が佐々木と金子にとって重要だったのだろうか。

バークの思想

エドマンド・バーク（Edmund Burke）は、一七二九年にアイルランドで生まれた（以下バークについては、宇野重規『保守主義とは何か』を参照）。バークは、下院議院として活躍しつつ、『フランス革命の省察』などの政治思想史上重要な著作をのこした。「保守主義の父」とされるバークだが、その主張は、伝統を守るだけの守旧的なものではなかった。バークは、過去から受け継いできた英知を理性の力で乗り越えられるとする傲慢な考えを嫌った。また、歴史的英知を守るための変革も認めていた。よって、バークが「保守すべきもの」としたのは、イギリスの政治体制や市民の自由であった。保守主義という言葉からイメージされるのとは異なり、バークは専制を批判し、イギリス市民に与えられた権利を重視していた。

金子は、バークの『フランス革命の省察』と『新ウィッグから旧ウィッグへの訴え』を抄訳し、勃爾咢《ボルク》氏の『政治論略』として一八八一年に刊行した（金子のバーク理解に関して、柳愛林「エドマンド・バークと明治日本」が非常に優れた研究であり、以下の著述も多くは柳の研究によった）。

『政治論略』の緒言は金子によるバークの紹介である。バークの「主義固より平和に出で深く政治の理論と実際とを比較し古来の旧典に拘泥せず現今の好尚に幻惑せられず政治壇上の閾《しきい》に跨り古今を竝観《へいかん》して急劇に走らず因循に流れず常に中正不偏の精神に因て政治の機関を運転せん」（『政治論略』原文は漢文。ここでは金子の訳文の雰囲気を知るため読み下し文に多少の手を加え紹介する）ものだったとしており、要を得たまとめであり、ここだけでも金子の知性の高さがうかがえる。

さて、『政治論略』第一節・第二節はルソーの思想の紹介で、第三節からのバークの反論部分こそ金子が紹介したかった内容である。まず、「社会に居て社会と人民との関係を生じて幾許か其社会より生ずる利益を享受するに於ては其社会にある義務をも負担せざるを得ざること明瞭なり」として、社会契約論の義務には人民の承諾がいるとの説への反論を紹介する。また、人民のもつ「天賦の権利」も無制限のものではない。「軽躁」な人民の暴走も良くないが、君主専制も良くない。

故に君主専檀と共和政治との間を折衷したる着実なる立憲政府を選定するときには雙方の利害得失を擯察して其宜しきを得たるものと云うべし（中略）国あれば必ず制度習慣あるべからず故に唯之を再興して旧来の政典と後来の目的とを比照し漸次善良の境界に達することを得る政体を制定するにあるのみ

つまり、立憲政治を行い、旧慣を参考にしながら、ゆっくりとよりよい憲法をつくるのがよいということである。では憲法を確定するときに注意すべきことは何なのか。「一国の憲法を確定し政体をして善美ならしむるの政略は只天地自然の気象に法り漸次変遷すべき」なのである。「天地自然の気象」を無視して一気に身分制をなくすようなフランス革命は、かえって混乱を招くのである。なぜなら「社会に人類の各種、思想の差異あるものは一般人民の自由をして過激に傾かず又之を保護するものにして且つ君主政体の猛威を制限し其分限を超過せざらしむるもの」だからである。

結論として、政府とは何かが次のように定義される。

政府の基礎は人民が想像するところの人民の権理に依て建てられたるものに非ず全く人民の性質と政治上の便宜に依て建てられたるものにして一は人民の希望を達せしむるの目的にあり一は人民の義務を尽さしむるの目的にありて此二つの目的は常に中正の均衡を保たんとするものなり故に此主義に拠れば自由の精神たるや善良の政府に必要なるものにして自から其政体に浸染せしめ其組織及び規則と協和して政府の目的に適合せしむることを要す

『政治論略』で強調されるのは、ルソーの理論が実際の政治に適用されればかえって不幸を招くということと、政治改革は漸進的であるべきこと、また憲法はその国の歴史や伝統に根ざしたものではなければならないこと。くわえて、政府は公平無私、つまり中正でなければならないことである。当時の日本に置きかえれば、自由民権運動の主張通りにしても日本の人民は幸福にならず、すぐにも憲法を制定し議会を開くようなことはすべきでなく、天皇が統治してきた国体や華族の存在を無視しない憲法を慎重に制定すべきだということになる。藩閥間で権力争いをして、自藩関係者の利益誘導に熱心な政府は失格なのである。

佐々木の考えは、当時の最高の「文明国」イギリスの大思想家のお墨付きを得たわけである。佐々木は『政治論略』を吹聴し、金子は皇族たちに進講する機会を与えられ、憲法制定過程の中で一気に重要人物になった。

また、ここまでの金子の思想は、国体論を重視し、「軽躁」を嫌うものであったから、バークの主張は金子自身も大いに首肯できるものであった。

余談だが、「勃爾咢《ボルク》とは俺のことかとバークいい」とでも言いたくなるような読み方はどこからきたのか。英語に堪能だった金子がBurkeの発音をまちがえたとは思えない。当時はオランダ語に引きずられた読み方が多かったが、それでも「ブルケ」あたりに落ち着きそうである。日本でのバーク紹介の最初期は一八七五年の『東京日日新聞』の記事だそうで、ここでバークは「ボルク」と書かれていた（高瀬暢彦編著『金子堅太郎『政治論略』研究』）。「ボルク」で通用していたため、金子もそれに従ったのだろう。

意気軒昂たる金子は、『政治論略』刊行の頃起きた憲法制定をめぐる大事件で活躍することになる。

三、明治一四年の政変

国会開設の勅諭

大事件は静かにはじまった（明治一四年の政変については、伊藤之雄『伊藤博文』、真辺将之『大隈重信』を参照）。立憲政体移行に関して、参議たちには意見書の提出が求められていた。一八八一（明治一四）年三月、大隈重信が左大臣有栖川宮熾仁親王に他見させない約束で意見書を提出した。内容は、翌年の国政選挙、二年後に国会を開設し、選挙の多数党が内閣を組織するというものだった。

有栖川宮は大隈の意見書の内容に戸惑い、約束を破って岩倉具視に意見書を見せた。岩倉は伊藤博文にも大隈意見書を見せたが、すぐには問題とならなかった。

ところが、太政官大書記官の井上毅が、大隈意見書の内容はイギリス流の議会中心の政体であり、福沢諭吉が背後にいるとして、岩倉や伊藤にさかんに働きかけたことで、大隈意見書は問題視されるようになった。憲法だ、議会だ、と騒いではいたが、実のところ、ほとんどの政府首脳は立憲政治の内実を深く考えていなかったため、井上毅の指摘で大隈意見書の内容の深刻さに気づいたのである。

伊藤は、大隈の行動は抜け駆けであると激怒した。というのも、大隈意見書提出わずか二ヶ月前に伊藤、大隈と井上馨は熱海で会談していた。その際、急進的な大隈に対して伊藤と井上は漸進主義を説いていたのである。意見書を密かに提出したことを大隈が謝罪したため、いったん事態は収まるかに思えた。ところが、七月になって、北海道の開拓使の官有物が五代友厚に格安で払い下げられる予定であることが報道された。開拓使長官黒田清隆も五代も薩摩出身であり、これは藩閥内での癒着であると世論の批判が強まった。政府内では、開拓使をめぐるスキャンダルの報道が大隈重信の陰謀だとの噂がながれ、大隈批判が強まったのである。噂は、大隈が福沢諭吉や民権論者と結んで政府転覆を謀っているという看過できないものになっていった。

その結果、一〇月には、大隈を政府から追放することが決まった。大隈の参議辞任に伴い、大隈の側近だった小野梓ら、慶應義塾や嚶鳴社に関係する官僚の多くも政府から去ることになった。これが明治一四年の政変である。大隈の意図については諸説あるが、意見書の内容が実現困難で拙速にすぎるものであったことは事実で、大隈が自身に有利なかたちで政府内の権力構造を変革しようとしていると疑われてもしかたがなかったといえる。

大隈を追放したものの、民権論者の政府批判は非常に強まったため、政府は、払い下げを中止し、井上毅に起草させた国会開設の勅諭を出した。勅諭は、一八九〇年つまり一〇年後の国会開設を約束するものだったが、一〇年間の時間を要する理由は、「皆漸次《ぜんじ》基《もとい》を創《はじ》め、序《ついで》に循《したがっ》て歩を進むるの道に由るに非さるは莫《な》し」（ゆっくりと基礎をつくり、順序に従って歩をすすめるしかない）であり、「立国の体国各《おのおの》宜きを殊《こと》にす、非常の事業実に軽挙に便ならす」（政体は国によって適するものが異なるので、憲法制定や国会開設という大事業に軽挙はふさわしくない）と説明された。この勅諭によって、政府は、大隈のような急進的な改革は避けるべきで、必ずしもイギリス流の政体が日本にふさわしいとはいえないとの考えを示したのである。

しかし、勅諭を出した以上、一八九〇年までに憲法を制定し国会開設をしなければならなくなった。「綸言汗の如し」で、天皇の約束は絶対であった。政府は伊藤博文を中心に憲法制定と国会開設の基礎作業を進めることになった。欧州での憲法調査は次章でみるが、一八八五年には内閣制度を発足させ、初代首相に伊藤博文が就任した。金子は、この一連の準備の中で伊藤に見いだされ、憲法起草に加わることになるのである。

中正党

一八八一年九月二四日の佐々木高行の日記に、佐々木を訪れた金子が次のように語ったと記されている。長くなるが引用しておきたい。

> 大隈の配下の書記官石橋と中島らが、私たち同志に説諭するには、「いまや薩長が権力を私しているのを破る機会がきた。ついては、肥前佐賀の者は団結して政党をたてる手はずになっています。（中略）土佐は板垣を頭として一県だいたいまとまっています。九州へは矢野文雄に周旋させ、また太政官書記官の小野梓も大いに尽力しており、小野は三菱会社と結託している福沢の筋から報知社も結びつくはずだ。」福沢は現在最も恐るべき暴民権家であり、今回大隈がひ

きいれて、薩長の権力を削る作戦だと考えますので、私たち同志は、いずれにも同意せず中正を踏んでいくつもりです。そのわけは、開拓使の払い下げも不可で、また大隈の趣旨も不可だからです。その病は大隈の方がひどいかもしれません。よって、このたび行動を誤れば、大いに国体が失われどうにもできなくなります。

（佐々木『保古飛呂比』十、明治一四年九月二四日）

この金子の談には、重要な点がいくつかある。少なくとも金子は大隈派の人物とも連絡を取り合っていたということである。共存同衆や嚶鳴社と関わっていた金子が、イギリス型の政体をめざす大隈の配下と親しかったのは肯ける。また、大隈が福沢と結びついているという噂を金子が信じていたことである。佐々木の日記である『保古飛呂比』によると、金子は同様のことを谷干城《たてき》など同調してくれそうな有力者に説いて回っていたようである。

少壮官僚による「中正」をめざす動きは、佐々木や谷干城を中心に中正党を結成するにいたる。この場合の中正とは、大隈にも味方せず、薩長閥にも与せず、公平無私な立場になるということであろう。しかし、現実の政治において、公平無私な中立などあり得るだろうか。事実、金子らの大隈批判がある程度功を奏して、大隈をはじめとする議院内閣制導入論者は政府から排斥され、金子が支持する君主権の強い憲法構想が確定されるのであり、いかに中立を謳っても、そこにある政治的意図は明らかである。

ところで、明治一四年の政変の際の金子の行動は、官吏への道を開いてくれた小野梓や沼間守一に対する忘恩行為だった。しかし、金子が恩知らずか否かより大事なのは、金子がイギリス型の政体を導入すると国体を危うくするとどこまで考えていたのかである。先にみたように、金子は、「論英国律例」や嚶鳴社の憲法草案で、イギリスの議院内閣制に一定の理解を示していた。

もし金子が、元々イギリス型の政体に反対だったのならば、共存同衆や嚶鳴社に関係したときの彼の言動は、人脈作りのために本音を隠したものだったということになる。一方、金子が民権派よりも佐々木高行らに従った方が出世に役立つと考えて「変節」したのならば、金子の節操のなさが浮かび上がってくる。本書では金子を機会主義者として描いていくが、どちらの仮定が正しいとしても、金子が状況によって自分の言動を変えて立身出世につなげようとした面がはっきりするのである。

もう一点重要なのは、高瀬暢彦が『金子堅太郎『政治論略』研究』で指摘する小野梓への敵意の原因である。アメリカで学問を修めた金子は英学派であった。しかし、明治一四年の政変以降、金子はプロイセン型の憲法を模範とする勢力に与して英学派の小野梓を攻撃した。これは、同じ英学派として、抜きん出ていた小野梓への嫉妬と警戒の現れではなかったかというのだ。自己顕示欲の強かった金子の発想としては説得的な推測である。山室信一が指摘するように、この法制をめぐる対立は、日本の模範とする国がイギリスからドイツへ移るという知の世界の転換が絡むことになる（山室信一『法制官僚の時代』）。

もちろん、金子は民権論者だけを攻撃しただけでなく、官有物払い下げも権力を私しているとして攻撃した。悪評にまみれた黒田清隆も開拓使長官を辞職せざるを得なくなった。金子の行動は反薩長閥という面があったことも忘れてはならない。

保守するものは何か

金子堅太郎は、保守主義の特徴を『政治論略』の中で次のように訳出した。

保守党の政略に依れば第一に国体を保存する主義を立つること、第二には時世の変遷と共に旧来の国体を永遠に維持する主義を守ること、第三には文明の壇上に進歩する主義を目的とすること、の三主義を有するものなれば決して政治上に於て進取の自由には毫釐《ごうり》の欠漏障碍《しょうがい》なく既に占有したる位地は固《かた》く之を保守することを得るものなり

バークの原文に国体に対応する語があるわけではなく、金子は意訳で「国体」という言葉を使ったようである。ここまでみてきたように、金子の行動原理には国体や天皇への忠勤があった。晩年になるほど、金子は国体に執着するようになった。序章でも指摘したように、金子の前半生を回顧した『自叙伝』は晩年に書かれており、若いときの言動を晩年の自分の立場と矛盾しないように脚色した可能性は否定できない。前半生の言動で晩年の金子の言動と矛盾がある場合、金子は国体や天皇への忠勤を持ち出して相手を説得できたとする。

戦前、特に金子が自叙伝を書いた昭和初期では、国体や天皇への忠誠は、公式には否定することが許されない絶対的なものであった。しかし、明治初期の段階で国体護持や天皇への忠誠がどこまで絶対的なものであったのか疑問である。国体が万世一系の天皇が日本を統治することであるとの認識が固まっていたわけでなく、政体としては天皇が虚位となる議会中心の憲法制定も選択肢となり得たことは本節でみてきた通りである。そのことを考慮すれば、天皇や国体護持が明治初期の段階で自己正当化に有効だったのかは注意すべき点であろう。

機会主義者だった金子が晩年になって、国体観念の絶対性が強まっていくのに合わせて、自分は一貫して国体を第一に考えていたと強調したと考えるのは、うがち過ぎだろうか。つまり、金子が国体を保守すべきものと考えるようになったのは、次章でみるように、自分が関わった明治憲法で「大日本帝国は万世一系の天皇之を統治す」と国体が定義されたことによるのではないか。自分の業績が産み出した国体観念を絶対化し誇ることは金子の自己顕

示につながるからである。

金子の想いは別にして、明治一四年の政変前後の金子の行動は、来たるべき立憲政治の様々な可能性を縮小させたことが問題だった。たしかに、『政治論略』による保守思想の紹介は、混迷していた政体移行論に一定の道筋をつけることに貢献した。しかし、天皇の統治権を弱めるような議論を徹底的に排除することにもなった。

宇野重規の整理によれば、カール・マンハイムは、保守主義とは旧来のものを墨守し変化を嫌う保守感情や伝統主義とは異なるとする。また、バークは変更する手段をもたない国家は、自らを保守することもできないことを強調したとのことだ。（宇野重規『保守主義とは何か』五〇―五三頁）だからこそ、バークは議会による自由な議論の場を守ろうとしたのである。漸進的に自ら変革することができる国家とそれを保証する自由を守ることがバークの保守主義であったとすれば、自由な議論を排斥してまでも国体を絶対視して守ることはバーク的な保守主義ではない。

『政治論略』の訳出作業一つをとってもみても、金子が抜群の知性の持ち主であったことは明らかである。ただし、金子にとって、全力を尽くして学んだことは、表層的で可視的な西洋の文物であった。金子の英語能力をもってしても、バークが本当に守ろうとしたこと、つまり「政治上に於て進取の自由」には気づかなかったのか。いや、気づいていても軽視したのか。

福沢諭吉は『文明論之概略』で次のように論じた。

単一の説を守れば、その節の性質はたとい純情善良なるも、これに由りて決して自由の気を生ずべからず。自由の気質はただ多事争論の間にありて存するものと知るべし。秦皇の一度びこの多事争論の源を塞《ふさ》ぎ、その後は天下復《ま》た合して永く独裁の一政治に帰し、政府の家はしばしば交代すといえども、人間交際の趣は改《あらたま》ることなく、至尊の位と至強の力とを一に合して世間を支配し、その仕組に最も便利なるために、独り孔孟の教《おしえ》のみを世に伝えたることなり。

（福沢『文明論之概略』岩波文庫版三七―三八頁）

金子は、政変の最中に佐々木に「内閣書記官にも福沢に勝る位の人物もあるが、大隈はためにするところがあるので、ことさらに福沢を頼りにしたそうだ」（佐々木『保古飛呂比』十、明治一四年九月二六日）と語っているが、「多事争論」の重要性に気づいた福沢の方が、至尊の位で支配するのに便利なため国体のみを守ろうとする元老院書記官金子堅太郎より勝っていたことはあきらかである。

いずれにしろ、『政治論略』の出版は金子の人生の転機となった。そして、佐々木高行よりさらなる大物政治家の目にとまることになった。伊藤博文である。次章でみるように、金子は伊藤のもとで憲法起草作業に参画するが、国体を第一とする「保守主義」の思想は、金子と伊藤の間に微妙な距離を生むことになる。

第四章　文明国の憲法

毎日新聞社提供

一、「文明国標準」の憲法構想

伊藤博文の構想

我日本帝国に於ては二千五百年の歴史を根本にして、二千五百年の国体を基礎として、之に世界に共通して居る立憲政治、即ち議院政治の或一部を、日本の国体、日本の歴史に適合するだけの点を加えて、何処までも二千五百年の君権即ち天皇陛下の統治権を完全にし、国体を変更せず、歴史を破らず、而して欧羅巴の憲法国の仲間入りの出来るような方針にするということが先ず伊藤公の大体の方針であった。

（「伊藤公と憲法制定事業」一九一二年、『著作集』二）

金子堅太郎は、憲法起草者の一人として、たびたび憲法制定の意義や起草者の意図を語った。伊藤博文（一九〇九年没）や井上毅（一八九五年没）が死去した後は、「死人に口なし」で憲法解釈を金子独自の理解にひきつけて語った。右記の金子の回想はまちがいとはいえないが、正確なものでもない。

現在も、高校で用いられる日本史の教科書には、大日本帝国憲法（明治憲法）は、君権の強いドイツ流の憲法を範とし、議会の力を抑制したものであったと書かれている場合がほとんどで、多くの人もそのように考えているのではないか。より大胆にいえば、非民主的な明治憲法が戦争への道筋をつける一因になったと思われがちである。

しかし、こうした理解は一面では正しくとも、起草の中心にあった伊藤博文の意図とは異なっていたこと、議会に力がなかったとはいえないことなど、近年では明治憲法に関する新たな解釈が指摘されるようになっている。ここでは、金子の活躍に入る前に、伊藤博文の憲法構想について説明しておきたい（以下、瀧井一博『文明史のなかの明治憲法』、『伊藤博文』による）。

前章でみたように、明治一四年の政変において、政府は一〇年後の国会開設を約束した。待ったなしとなった憲法制定・議会開設に関する調査が急務となった。

一八八二（明治一五）年、伊藤博文が憲法調査のため、欧州に派遣された。随員は伊東巳代治（参事院議官補）・西園寺公望（同前）ほか九名だった。井上毅によって、憲法は君主権の強いプロイセン型にすることが提起され、政府内でも合意ができていた。しかし、伊藤の心はいまだ定まっていなかった。憲法を制定するとはどういうことなのか、憲法制定後にいかに国作りをすすめるべきなのか、五里霧中だったからである。

ベルリンに向かった伊藤一行は、ベルリン大学の憲法学者グナイストに面会した。しかし、グナイストの反応は冷たかった。ブルガリアの例を出して、後進国の憲法など「銅器に鍍金《めっき》」をするようなものだと言われたのである。困惑のまま、伊藤はウィーンに赴いた。そこで運命の出会いがあった。ウィーン大学の国家学者シュタインは、極東の新興国日本に関心をもっており、該博な知識に基づき、総合的な観点から伊藤に近代国家のかたちを教示してくれたのである。

伊藤は次のことに開眼した。

第一に国民なき国制のもとでは、議会制度は機能しないということである。（中略）第二に議会を外から補完するシステムの必要である。（中略）このようにして議会制度を支える内外両面の条件を整備し、そのうえで漸進的に議会政治を日本に定着させていくというのが伊藤の描いたヴィジョンだった。

（瀧井『文明史のなかの明治憲法』一二七―一二八頁）

つまり、長期的には議会中心の政治をめざすが、日本の現状では、福沢諭吉流にいえば、「客分」として支配されるだけの人民である。これを自分の国の政治に主体的に参加する国民にしなければならない。また、議会を開設しても、利害関心に左右されず政策を安定的に実行する自立した行政機関がなければ意味がないため、とりあえずは強力な行政府を創出する必要があるということである。

天皇が統治するという日本の国体も、国民の支えがなければ無意味であり、国民が政治参加して、日本を自分の国だと思ったとき、はじめて強力な国家建設が可能になるのである。伊藤は、天賦人権論の道筋から議会制民主主義に接近せず、政府の責任者として、日本国家の安定と発展のために、将来的な議会制民主主義の必要性に気づいたといってよい。

明治国家の全体像の見通しをつかんだ伊藤は、帰国後様々な改革に着手した。一八八五年、内閣制度を導入し、自ら初代内閣総理大臣に就任した。太政官に由来するそれまでの行政組織では近代国家作りに対応できなかった。

太政大臣三条実美・左大臣有栖川宮熾仁というのでは、平安の昔のようだ。足軽身分出身の伊藤博文でも行政組織の頂点に立つことができることを明らかにしたのである。また、一八八八年には、憲法と皇室典範の草案を審議する機関として枢密院も設置した。

かくして、いよいよ憲法草案が作成されることになる。

国体と政体

金子堅太郎が晩年になるほど国体に固執していくことは、ここまで何度か指摘した。憲法起草時の真相はともかくとして、金子の理解では、伊藤博文は国体を変更しないことを念頭に憲法を起草したことになっている。

金子が伊藤のもとで憲法起草作業に従事していたとき、憲法制定によって国体が変更されるのか否かで議論があった。伊藤は、立憲政体になれば国体は変わるという立場だった。これに対し、金子は次のように反論した。国体とは「fundamental political principle」であり、立憲政治になることは政体＝「national organization」の変更であって、万世一系の天皇が君臨することは変更されないと。金子は、後の憲法実施二〇年の記念祝賀会で、伊藤が「吾輩は政府は変換するが、国体は変換せぬという見解の下に、憲法制定に従事したのである」と述べたことを挙げて、伊藤が「国体変換論ではなかったと思う」と回想している（「伊藤博文公と私」一九三六年、『著作集』三）。

前節の伊藤の構想を考えれば、伊藤は国体変更ととられるような大胆な政治改革を考えていた。しかし、政府内には国会開設どころか憲法制定にすら難色を示す守旧派がいたのである。国体が変わるなどといえば、守旧派が大反対することは明らかだった。伊藤にとって、国体変換か政体変換かといったことは重要な問題ではなかった。守旧派を黙らせるためには、金子流の説明が便利だったということであろう。

「国体」の語は、明治初期の頃は、「国のかたち」程度の意味で用いられていた。明治憲法にも国体の語はなく、法律学者も国体が何かについて曖昧な説明をするのが常だった。また、国体と政体とは同じものだという見解もあった（山口輝臣「なぜ国体だったのか？」）。

国体という概念は、時によって意味を変え、政治的に利用されるものだった。戦前は、金子がいうように天皇が実権のある統治者であることとされたが、戦後、日本国憲法ができるさい、国体が変わったのではないかとの疑義に、当時の吉田茂内閣は、摂関政治・武家政権と天皇が実権をもたない状況が通例であるので、象徴天皇になっても国体は変わらないと説明した（竹前栄治・岡部史信『憲法制定史』二五六―二五七頁）。

なぜ「天皇は君臨すれども統治せず」とイギリス型の政体になれば国体が変更したことになるのか。金子は、イギリスが「国王と貴族と人民とが政治を共治する」点で明治憲法には採用できなかったとする。興味深いのは、ドイツ憲法も、君主権が強いとはいえ、皇帝を機関と考えているので日本の国体には合わないと判断したと述べている点である（『帝国憲法制定と欧米人の評論』一九三八年）。もちろん、この回想は天皇機関説が問題化した時期のものであることを割り引いて考えなければならないが、金子の回想をそのまま信じれば、明治憲法は天皇親政に近いものを想定していたかのようになる。実際の明治憲法の条文では、法律・勅令・詔書には国務大臣の副書を要したし、法律制定には議会の協賛という名の可決が求められた。また、佐々木高行らがめざした天皇親政運動は、近代国家作りにはそぐわないとして、伊藤博文が活動を抑えたことはすでに述べたとおりである。

もし、憲法制定当時に金子が上記のように考えていたのであれば、伊藤博文との懸隔はかなりあったことになる。しかし、金子が憲法起草に参画した折の言動は、より抑制的で理性的なものであった。次節ではこの点を中心に金子の動きを追っていきたい。

二、憲法起草

憲法の目的

本書冒頭で紹介したように、金子堅太郎は、一八八四（明治一七）年四月に伊藤博文に呼び出され、元老院大書記官にくわえ太政官大書記官を兼任し、憲法起草作業に参画することになった。伊藤が金子の書いた「各国憲法異同科目」と題された憲法の調査項目を列挙した書類を目にしたのが、金子登用のきっかけとなった。

それまでも法制整備の中心にあった井上毅にくわえ、伊東巳代治と金子が憲法起草の中核になることとなった。伊東巳代治は、一八五七年に長崎に生まれ、英語を習得して政府に出仕し、伊藤の側近となった。伊東は、伊藤博文の欧州での憲法調査にも同行し、金子より年少だったが、政府内での地位は常に金子に一歩先んじた。金子と同様に政治思想は保守的であり、伊藤が政友会を立ち上げた頃から、伊藤と距離を置くようになった。後にみるように、伊東は、金子とともに枢密顧問として重要政策に関係した。金子は、伊東が一九三四年に没するまでその「憲法の番人」の立場を支えた。

伊藤と伊東。この後、金子は、二人のイトウに多くを依存することになった。

ところで、そもそも憲法制定の目的は何であったのか？　ここでも、「文明国標準」に合わせて憲法を制定するのは条約改正のためという戦略としての国際主義が現れるのである。

イギリス、フランス、ドイツの法律のお蔭で人智も開らけた、文明も発達した、国も強くなった。これで国を開らいて初めて世界の仲間入をしようという時には、勢い世界の共通の法律を持って来て我が国に輸入しなければ世界が承知せん、そこでこれは明治の初年、明治二三年の議会の開けるまで、すなわち我々が明治一七年から二二年までに憲法を作った時の考は仕方はない、日本の法律ではとても外国人は承知せぬ、欧米主義に基かなければ条約は改正せんというのが建前である。（中略）そこで欧米のフランス、ドイツ、イギリスの法律を日本化した法とした、そして最後に作ったのがこの憲法です。

（「日本独逸両帝国憲法の差異に就て」一九三五年、『著作集』一）

この後段で、金子は、歴史法学の立場から憲法だけは日本の国体を守って作成したと述べるが、つまるところ、憲法制定は、日本を文明国とみなされるためであった。金子が、日本独自の概念だとする国体を説明するためにバークを持ち出したこと、国体を変えないためとして歴史法学を重視したこと、すべて欧米の学知に従っているのである。日本らしさを説くためにも、欧米の学知を用いざるを得なかったというのが、明治初期の実情であった。

文明国の仲間入りをするための憲法ならば、欧米諸国から認められるものにしなければ意味はないのである。金子をはじめ憲法起草に関わった者は、欧米各国の憲法を参考にしたが、日本の国情に合わせて取捨選択したと説明しがちであるが、明治憲法はやはり欧米の憲法のつぎはぎであったことは否めないのである。

しかし、だからといって、明治憲法が当時の世界で「遅れた」ものであったことにはならない。むしろ後発の利益で、日本は欧米の憲法施行の経験を踏まえて、最新の学知を憲法に取り入れることができたのである。だからこそ、海外情勢に詳しく、英語が堪能であった金子に憲法起草を補佐するように依頼があったのである。

国体は変わらないという建前だったが、現実には明治憲法制定により、日本の政治体制が根本的に変わることはまちがいなかった。伊藤博文はそのことを十分に認識していた。

漢学者などは、専制的のことでなければ日本の国体に適わぬが如く思っているが、とんでもない誤解である。（中略）立憲政体の実を挙げるためには、国民の名誉自由及び生命財産を保証しなければならないが、そのためには一方において、天皇の大権の行使の手段方法に関して、種々の重要なる制限を加えなければならなくなって、いとも畏れ多いことではあるが、既に立憲政体となす以上はやむを得ないことである。

（藤井新一『帝国憲法と金子伯』二六八―二六九頁）

天皇親政のような政体は、立憲政体の実を挙げられない、つまり文明国とみなされないということである。苦心して憲法を制定する以上、文明国らしい憲法にしなければならない。井上毅・伊東巳代治・金子の三人は、膨大な憲法に関する欧米の学知を整理選択しながら、憲法草案作成を行った。

この前の先生のお手紙への返事をずっとするつもりだったのですが、多くの差し迫ったできごとによりかないませんでした。というのも、私は太政官の大書記官に任命され、元老院の書記官も留任しました。わたしの新たな地位は、非常に重要かつ影響力があるものです。私たちは、陛下の随員であり、一八九〇年に上下両院からなる国会開設に向けてすべきことが山のようにあります。私たちは、すべての法と規則を作りかえ、日本と日本人の運命がかかっている未来の憲法を起草するのです。

（「グレイハーバード大学教授への手紙」一八八四年五月一五日、James Kanda ed., The Kaneko Correspondence, 37-1）

日本帰国直後に恩師グレイに書いた手紙とは別人のような、生気に満ちた金子の様子がうかがわれる。事実、金子は憲法起草のなかで大きな役割を果たすことになる。

過激をさける

憲法起草の際、次のような役割分担が決められた。井上毅が皇室典範と憲法、伊東巳代治が議院法、金子が衆議院議員選挙法と貴族院令。憲法が主とはいえ、国会を開設する以上、選挙法や貴族院令も必須であったため、憲法以外の法令も一体のものとして起草・審議された。

衆議院議員選挙法の論点は、直接選挙にするか間接選挙にするかであった。金子は一八八七年の意見書で直接選挙にすべきだとして以下のように主張した。まず、間接選挙にすれば、人民の政治意識が高まらず、議員は人民に対する責任が薄弱となる。また、「人民幼稚なるが故に議員適当の人物を撰知することあたわず」との懸念があるが、府県会規則（一八七八年）などで経験を積んできており懸念に及ばない。結論として、「今日本邦において憲法の基礎を定むるには第一王権及び行政権を強固にし政府において充分に政権を掌握し第二上院は貴族の元素と保守の主義とを以てこれを組織し毫も民主主義を包含せず第三下院は充分なる制限を以て直撰法を施行し参政の権を有する人民一般に選挙の権を与えられんことを希望す」というものだった（稲田正次『明治憲法成立史』下、一〇八一―一〇八四頁）。貴族院は民主主義ではないが、衆議院で国民の参政の権利を与えるべきだというのである。最終的には選挙権は満二五歳以上で直接国税一五円以上を納める者に付与され、小選挙区制となった。

衆議院議員選挙法以上に金子が熱心に取り組んだのが貴族院令であった。一八八四年に華族令が出され公侯伯子男の五爵が置かれたが、金子は華族こそ、保守的政治の根幹であると考えた。なぜなら「貴族というものは旧家・

名門であって勲労ある家で歴史的なものであるから、その歴史を傷つけないように家名を維持するには、旧格を守る保守的な精神でいざるを得ない」存在だからである。奸悪な政治家が人民を籠絡して輿論を背景に欲望を達しようとしても、保守的で急激な改革を好まない貴族が社会秩序を保つのである（『貴族論』一八九九年）。

よって金子は、明治憲法においても二院制による貴族院設置を当然と考えた。貴族院令は勅令で定めることにしたが、これは法律であれば衆議院で改正される可能性があるからだった。また、華族だけでは専門的な見識に欠ける恐れがあるため、官僚や学識経験者・多額納税者を勅撰議員として貴族院議員にすることにした。

憲法は井上毅が起草し、横須賀の夏島にあった伊藤博文の別荘で夏島草案（六三頁写真）が完成し、枢密院での審議を経て、一八八九年二月一一日、大日本帝国憲法が発布された。維新から二一年目のことだった。

憲法は、天皇が定める欽定憲法であり、天皇は広範な権限を天皇大権として有した。議会は議決するのではなく協賛するものとされた。また内閣についても定めておらず、内閣官制では、首相の権限は抑制され、国務大臣それぞれが天皇に直結することになった。しかし、大権行使には国務大臣の輔弼が必要で、協賛は事実上の議決であった。特に予算の協賛権を議会が持ったため、予算を成立させるために政府は議会対策に苦慮することになった。

憲法発布直後、黒田清隆首相が内閣は政党に関係なく行動すべきだとする超然主義を唱えたことは有名である。黒田の演説に関して、井上毅・伊東巳代治・金子の三人が伊藤に憲法政治は多数決であるから、政府も政党を作らなければならず、超然主義ではいけないと説いたという。伊藤は「君等の云う如く政府党を作る事は容易な事ではない。」と述べしばらくは超然主義で形勢をみると三人の言を退けたそうである（『帝国憲法制定と欧米人の評論』一九三八年）。後に、伊藤は政友会を立ち上げ、伊東と金子は政党人になりきれず伊藤と懸隔ができることを考えると、皮肉なエピソードである。

政府は訓令を発して、政治その他に関する公開演説を行うことを、すべての官吏に許可した。おそらく政府は、憲法や選挙について国民を啓発することにより、自体に有利であると期待しているようだ。しかし、自分が日本人を知る限りでは、これはすこぶる危険であると思う。この国民は政党運動、それも盲目的な政党運動におあつらえ向きにできている。ところで、現今の官吏なるもの自体が多くは、まだじゅうぶん消化されていない西洋思想の持主であるから、啓発するのではなく、むしろ惑乱させるだろう。

（ベルツ『ベルツの日記』上、一八八九年一月二九日）

憲法とは何か、議会とは何か、選挙とは何か、何もわかっていないところからはじめたのであるから、憲法起草をめぐる作業が気の遠くなるほど煩雑なものであったことがわかる。欧米諸国の憲法や法律をそのまま取り入れるのであれば簡単だが、日本社会に拒絶反応を生まないよう改変する必要があった。ドイツからのお雇い外国人の医師ベルツが指摘するように、当時の日本国民は立憲政治に慣れていなかった。西洋思想を生半可に理解している官吏が欧米の政治をそのまま導入すれば混乱を招くことは確実だった。憲法起草作業では、金子が西洋文明受容に関して「相対型」であったことが活きた。過激をさけつつ、膨大な欧米の知を整理して日本風に置きかえる。こういうことをさせると金子は抜群の能力を発揮した。次項では、憲法起草以外の同時期の金子の活躍をみてみよう。

北海道の開拓と福岡の開発

北海道の開拓使は一八七二（明治五）年に置かれ、毎年一〇〇万円の予算がつき一〇年間で開拓を振興する計画だった。一八八一年には開拓計画に区切りがつき、一〇〇〇万円を使った官有物が三〇万円で五代友厚に払い下げられることが問題視された。これにより五代と同郷の参議黒田清隆開拓使長官は辞任に追い込まれ、開拓使は廃され、札幌県・函館県・根室県の三県と諸事業の管理局が置かれた。北海道開拓が四つの役所に分断され、開拓は混乱し政府の懸案となった。

事態を憂慮した伊藤博文は秘書官の金子堅太郎を北海道視察に派遣した。いわば明治一四年の政変の後始末であった。一八八五年の七月から一〇月にかけて金子は北海道を視察し、復命書を提出した（「北海道三県巡視復命書」、『著作集』二）。金子は、伊藤の秘書官に抜擢され憲法起草の一角を担い、三〇歳を越えたばかりで気力体力とも充実していた。金子は多くの回想・報告書を遺したが、多くは自己顕示と保身の弁明が目立ちおもしろいとはいえない。しかし、北海道視察の回想は金子自身が充実していたためか、軽妙で楽しい。復命書も立派なもので、本筋からは離れるが紹介したい。

横浜から船で函館に着いた金子は、また船ですぐに室蘭に向かった。室蘭から札幌に向かう際、馬で行くことにしたが、「おとなしい馬にしてもらいたい、乗馬は下手だから」と頼んだ。しかし、乗せられた馬は悍馬で、猛烈な勢いで駆けた。金子が理由を尋ねると、「何とかこの金子さんを虐めてやろうということになって、従順しい馬に乗りたいといわれたけど、一番癇性の強い荒馬に乗せて、（中略）額に怪我でもさせて荒肝を抜こうと昨夜実は吾々企んでおった」といわれ、これがきっかけに懇意となって地元役人の本音が聞けたそうである。その後、金子は、札幌・小樽を経て国後島・択捉島と、道なき原野を踏査した。原野を行くときは熊に襲われそうになったこともあった（「北海道庁設置の沿革」一九二五年、「北海道開拓七〇年の感想」一九三八年、『著作集』二）。

金子は、視察に基づき、次のような提案をした。三県庁と管理局が権限争いをしながら開拓にあたった結果、開拓が停滞していること。北海道全土の測量を行って囚人を使役して道路を開削すること。千島列島の防衛のため屯田兵を置くこと。住民の実態に合わない高尚すぎる教育をあらため、実学を教えること。また、農学校やワイン醸造所など、北海道の殖産の実態に沿わない事業は無駄であることも指摘した（「北海道三県巡視復命書」「北海道開拓建議七箇条」、『著作集』二）。

金子は実見してきたアメリカの開拓の例を挙げ、現実的な開拓策を提案しており、復命書と建議は「開拓憲法」と高く評価され、北海道庁が置かれ統一的な北海道行政の基盤がつくられたのである。

一方、金子は故郷福岡の開発にも尽力をした。筑豊炭田は、海軍が良質の石炭を確保するため、民間の採掘を禁じていた。炭田を開放するように渋沢栄一らが伊藤博文に働きかけ、一八八八年に金子は筑豊炭田の視察を命じられた。視察後、金子は伊藤に筑豊炭田の開放を進言した。三池炭鉱は三井物産が入手し、盟友の団琢磨を三井三池炭鉱の主任技師に斡旋した。

時は前後するが、金子は藩校修猷館の再興にも尽力した。福岡の県会は、維新・西南戦争以来の政府との軋轢を引きずり県令と対立したため、中学校が全廃されていた。教育の荒廃はますます福岡の人材を埋もれさせることになる。黒田長溥は事態を憂慮し、金子に善処を依頼した。金子は帰郷し、福岡の名士を説き伏せ、修猷館を県立中学校として復興した（一八八五年、中学校となったのは一八八九年）。

一八八八年の帰郷中、金子は、県知事も同席する宴会で、福岡の名士たちが、県令の施策にことごとく反対していることを厳しく批判した。

諸君がいたずらに筑前に閉じこもり、目を帝国の大勢に注がなければ、再び維新前後の覆轍をみることになろう。（中略）現状のありさまでは、筑前の名声も地に墜ち、青年の将来をも誤るものだ。（中略）もし諸君が筑前の将来を思うならば、この宴会の帰り道に、箱崎松原の枝振りの良い木を選び、首をくくるのが適当なのではないかと愚考する。

（『自叙伝』二）

保守を自認する金子だったが、故郷の人びとの頑迷さが我慢できなかったのであろう。世の流れをわからず地方に籠もっているだけの奴は首をくくってしまえと、言いも言ったりの演説だった。その場には玄洋社の頭山満もいたが、金子は親交を深めなかった。

北海道開拓と筑豊炭田開発に関連してみえてくる金子像は、情実や感情論に流されない冷静な分析をするエリート官僚の姿である。法制だけでなく、殖産興業政策にも金子は知見を深めていき、農商務次官・大臣としての活躍に役立てていくことになる。また、金子は、開拓や開発で影響力を行使できる立場であったが、実業家との交際は深めなかった。この点、金子は清廉潔白であった。

第五章　国際人誕生

朝日新聞社提供

一、欧米議院制度取調

宣伝外交

明治憲法制定に尽力した金子堅太郎だが、その本領は、長期のアメリカ留学の経験を生かした国際人としての活躍であった。明治政府は、憲法を制定し、議会開設が目前となったものの、議会をどのように運営していけばいいのか、皆目見当がつかなかった。いかに立場を異にしようとも、激しく対立するのは議場だけであり、議場においてもいざとなれば「おのれ！」と殴り合うというのでは困るのである。こうした懸念は、当時の日本社会の政治意識を考えると冗談ではすまされない問題だった。明治憲法を停止させず、議会を無事に運営できるのか、これは日本が文明国か否かを決めるリトマス紙だったのである。

また、明治憲法を欧米の専門家がどのように評価しているのかも気になるところだった。伊藤博文は憲法のできに自信をもっていたが、欧米からの評価が芳しくなければ、自由民権派から批判を浴び、立憲政治の推進が困難になることも予想されたのである。
金子堅太郎が、議院運営制度の取調が焦眉の急の問題であると提起したことで、欧米に派遣されることになった。金子が携行したのは、明治憲法と井上毅が起草し伊藤博文の名で出された憲法の注釈書『憲法義解』の英訳だった。この欧米出張の報告書である『欧米議院制度取調巡回記』（以下、『巡回記』）には、大淵和憲が丹念な校注をしたものがあるため、以下これに従って議論を進めたい。
一八八九（明治二二）年七月横浜を出港した金子は、アメリカを経て九月にロンドンに到着した。初めてのヨーロッパだった。金子は、ロンドンで早速「日本憲法史の概略（*A Sketch of the History of the Constitution of Japan*）」（『著作集』四）を出版し、日本の憲法制定を宣伝した。金子は、この論文で、江戸幕府が倒れて、名目的な存在であった天皇が実質的な支配者になったことを強調し、明治天皇が新政府の体制強化のために憲法制定を決意したと論じた。興味深いのは、金子は明治憲法では、立法・行政・司法の三権が天皇に集約されていることが、三権分立の理想とする立憲主義を改善した結果だとしている点である。そして結論で、明治憲法が日本の文明化の証になると、次のように誇らしげに述べた。

アメリカが憲法を採用してからの百年間がそうであったように、日本も憲法を円滑に運用すれば、アーリア人種の専売特許と考えられている立憲主義で、東洋の人種の一つである日本人でも統治可能なことを世界に示すことができるのである。また、日本人は西洋文明のどの段階でも採用できるのであり、我々はインド・ゲルマン語族の人びとともに憲法政治の道を進んでいけるのである。

（*A Sketch of the History of the Constitution of Japan*）（『著作集』四、三七頁）

金子はフランス・ドイツ・ロシア・オーストリア・イタリアと主要国を歴訪し、各国の議会運営を視察するとともに、著名な政治家・学者に面会して、明治憲法への意見を聴取した。ドイツ・ゲッティンゲンでは法学者のイェーリング、アメリカでは国務長官ブレイン、イギリスではブライス下院議員、オックスフォード大学のアンソン、ダイシー、ホランドなど錚々たる人物から明治憲法への評価を聴取した。

いずれも明治憲法を高く評価した。意外なことは、英米の識者がそろって、明治憲法がイギリス型ではなく君主権が強いドイツ型の憲法であることを評価したことである。例えばブレイン米国務長官は、「私は、（日本が）ドイツ流にならい、君主権に関する条項を制定することを、もっとも日本政府のために望むところだ」（『巡回記』一〇頁）と述べ、ブライスも「日本の皇帝が海陸軍統帥の権と共に公務上の大権を総攬し、イギリスまたは合衆国の元首よりも多くの行政命令発布権を掌握しているのは、誠に至当の見識だと思う」（『巡回記』一六三頁）と評価した。

イェーリングは、プロイセンの経験に基づいて、具体的なアドヴァイスをした。議会の動向を決めるのは下院であり、下院は急進的になりがちであるが、国務大臣は、政府に反対する議員とも交際を深めねばならない。反政府派の才能ある議員には勲章を与え、外国公使に任じるのがよい（『巡回記』二二三—二二四頁）。下院を軽視すると政府が立ちゆかなくなるとのイェーリングの警告は、議会開設後に現実のものとなった。一八九〇年に行われた第一回衆議院議員総選挙では、民党が勝利したからである。

民党が力を発揮できたのは、議会に付与された予算の協賛権のためだった。明治憲法では、現行の行政費と軍事費を議会が削減できず（第六七条）、議会が政府の予算を認めない場合は前年度予算を施行できた（第七一条）。しかし、この条文で守られるのは「規定の歳出」だけであったし、増税にも議会の協賛を要した。次々と近代化事業を進めていた政府にとって、前年度予算では役に立たず、多数を占めた民党に対し、政府は予算成立のため妥協せざるを得なくなるのである。この点に関して、あらかじめよほど巨額の常備軍事費を見積もっておかないと政府の裁量の幅がなくなると、ケンブリッジ大学のシジウィック教授やブライスも指摘した。

金子の欧米の識者行脚は、日本が憲法を制定したことを宣伝する外交活動でもあった。幸い大方の評価は高く、安心した伊藤博文は「これで憲法起草の責任解除を奏請できる」と喜んだ。

この高評価をどう考えればいいのだろう。日本ごときがよく憲法をつくったという、「未開人」の努力を大様に評価する気持ちが強かったことは容易に想像できる。しかし、民主主義国である英米の識者が、明治憲法の非民主的側面を評価したことには、複雑な考えがあったかもしれない。一九世紀後半の時期、欧米の民主主義論者は人種差別主義者である場合が多かった。民主主義と人種差別が同居したのは、民主主義は高度な政治制度であり、白人以外には理解できないと考えたからである。民主主義者は、有色人種にも権利としての平等は認めたが、民主主義の理想を実現するためには、劣っている有色人種は排除すべきだと考えたのである。こうした状況を考えれば、英米の識者は、日本で民主主義はしょせん無理なので、君主権の強い明治憲法を身の丈にあった制度を導入したものだと評価したのではないか。つまり、立憲政治をはじめたからといって、文明国に格上げしてもらえるほど、「文明国標準」の思想は甘くなかったのである。この点は次節の条約改正問題で明らかになる。

碩学スペンサーの評価

議院制度取調出張中、金子堅太郎が面会を切望した人物がいた。ハーバート・スペンサーである（スペンサーと日本の関わりについては、山下重一『スペンサーと日本近代』）。スペンサーは当時世界中に名を知られた大学者で、競争の結果環境に適した者が生存繁栄するとの社会進化論の提唱者だった。スペンサーは、人種差別や優生学に根拠を与えた思想家と評価されているが、その思想は、弱者への共感を持ち、軍国主義などの抑圧的な政策に徹底的に反対し、自由を重視したものだった（スペンサー『ハーバート・スペンサーコレクション』の森村進の訳者解説）。意外に思われるかもしれないが、日本でスペンサーに最初に注目したのは、自由民権論を唱える板垣退助だった。板垣は、スペンサーの『社会静学』を「民権の教科書」と絶賛した。このことからわかるように、スペンサーの議論は、最初、社会進化論ではなく、民主主義を促進するものとして受容されたのである。

金子は、ハーバード時代にスペンサーの社会進化論に触れていた。「奇人」とされていたスペンサーが面会を拒絶するものと思われたが、スペンサーはあっさり面会を承諾した。金子から憲法の説明を受けたスペンサーは、欧米のほかの識者同様、日本の歴史と伝統を崩さずに立憲主義を採用することが重要だと述べた。

> 予はかつて在英日本公使森有禮氏に意見を陳述し、（中略）憲法は欧米諸国各々その国体、歴史、習慣等より成立せるものなれば、決して外国の憲法を反訳して直ちにこれを執行し、同一の結果を生ぜしめんと欲するは、誤解の甚だしきものなればなりと述べ置きたり。しかるに、今貴下より聞く所によれば、日本の憲法は日本古来の歴史、習慣を本とし、漸進保守の主義を以て起草せられたりと。しからば則ち、この憲法は予のもっとも賛成する所なり。
>
> （『巡回記』一〇五頁）

漸進保守であることが重要だと述べたスペンサーだが、続いて次のように述べた。

> 予が信ずる政治学の原理は、政府の事業をして漸次軽減し、人民各個をしてその事業を自ら経営せしむるにあり。また、

政府最終の目的は任地主義（自由放任主義のこと）に在りといえども、世界今日の実際においてはいまだこれを望むべきものにあらず。（中略）彼の未開国の政府を以て三角塔（ピラミッド）の初階とし、予が主張する任地主義の政府を以て三角塔の絶頂とせん。而して、政治の進路は初階より漸次絶頂に至るものにして、その進歩の程度の如きは、各国人智の開、未開とによりて定まるものなり。（中略）故に、貴国政府の如きもこの学理に基き、日本国の位地は政治上の三角塔において何れの階段にあるかを熟考して、現今の階段より漸次上進するものなりと認められんことを希望す。

（同上、一〇六頁）

スペンサーは、レッセ・フェール（自由放任主義）こそが政治の理想だとしつつも、それは段階的に進歩するものであって、自国の状況を考えて政治運営をしなければならないと忠告した。金子が、自由放任主義が政治の理想だとするスペンサーの議論に納得したとは思えないが、漸進保守を評価されたことで大いに満足したようである。スペンサーは、この面会の後も金子に私信を送り忠告を続けたことからもわかるように、日本、少なくとも金子に好意をもったようである。しかし、上記のスペンサーの発言は、日本の身の丈にあった憲法だから評価したとも読めるもので、前項で指摘したような人種差別的民主主義者型の評価の一面が垣間見えるのである。

いまひとつ、スペンサーは金子に重要なことを示唆した。

日本帝国においてすでに憲法を発布し、明年より議会を開設せらるゝに至りたる以上は、日本の歴史を編纂してこれを欧文に反訳して出版することは、日本今日の気運と相離るべからざるものなり。故に、一日も速やかに歴史編纂局を宮内省中に設け、日本古来の歴史を詳かに外国人に知らしめ、また日本国の将来の希望等を世界に発布するの必要あり。

殊に、日本人民が王政維新以来二十余年間計画せし所の大眼目を宇内に示すは、目下の急務なり。

（同上、一〇七―一〇八頁）

金子は、スペンサーから歴史編纂の大切さを説かれたことを長く記憶し、晩年になって『明治天皇紀』の編纂という大事業に関わることになる。金子とスペンサーの面会は大成功だったが、自由放任主義に至る一過程として明治憲法を評価していることを金子は理解していなかった。金子は、「日本人は西洋文明のどの段階でも採用できる」と豪語したが、日本人が自由主義を採用するのは、明治憲法ではなく、日本国憲法を待たなければならなかった。

『議院建築意見』

議会開設は決定したが、ではどこで議会を開けばよいのか、どのような建物が立憲主義にふさわしいのか、これも大問題だった。現在の国会議事堂は、一九三六（昭和一一）年に建設されたが、一八九〇（明治二三）年に第一議会が開かれた第一次仮議事堂は、翌年に焼失した。第二次仮議事堂の建設が待たれる中、金子は欧米の見聞に基づき『議院建築意見』を刊行した。この意見書は、議事堂とは何かにはじまり、各国の議事堂を紹介し、演説が聞こえやすい建築法にまで及ぶもので、金子の該博な知識が披露されたものだった。

ヨーロッパでは、議事堂は革命の動乱の中で既存の建物を利用しているものが多く、最初から議事堂として建てられたものを利用しているのは、アメリカとオーストリアとカナダしかないとする。イギリスの議事堂はウェストミンスター宮殿を借用したものだが、「満堂の構造がことごとく国家の精神を現しており、イギリスの王家・歴史・英雄・賢臣に関わる事件を、巧みに建物の装飾や彫刻に利用して、すべてをイギリスの歴史のすばらしさを示している」（『議院建築意見』八―九頁）。金子は、こうした装飾の目的を次のように読み解いた。

> 六七〇人の下院議員は、その議席に座り、議場の左右にある窓に映る選出地の定紋を見て、心密かにこれを毀損汚辱しないことを誓い、ますますその名声を発揮しようと期することになり、これは建築によって、議員の脳髄を刺激して、高尚な志を発揚させようというものなのか。イギリスの議事堂の装飾は、一片たりともおざなりにしたものではなく、すべて上下両院の議員を国家に忠愛であるようにとの精神からきているのである。
>
> （同上、一四―一五頁）

つまり議事堂は単なる議場であるだけでなく、国家の栄光を発揚し、議員の気構えを固めさせるにふさわしい建物でなくてはならないということである。よって、たとえばギリシア・ローマの歴史に由来する彫刻・彫像で飾るオーストリアの議事堂は「壮厳美麗」だが、「国家的精神に乏しき証拠」なのではないかと疑念を表明している。マイクのなかった当時にあって、演説が議場に響く工夫が「議院建築の第一」であった。また、君主国の場合、玉座をどう設置するのかも問題だった。そのほか、照明・暖房・傍聴席・守衛など、議事堂建設には多くの課題があることが指摘され、金子は日本の議事堂の理想を次のように提起した。

> 要するに議事堂は日本の国体の尊厳と国民の誠忠に関係する事績で充満させ、議事堂に参会する人が、知らず知らず国家の観念と勤王愛国の精神を発達させること肝要である。（中略）議事堂建設に当たっては、単に経費節約の観点で

粗悪な建物を築くべきではなく、目下の急用に応じようと急いで設計すべきではない。日本憲法の記念として、明治の御代をお治めになる天皇陛下の頌徳として、日本美術の粋を集めたものとして、万世不朽に伝わる堅固荘厳な議事堂を建築すべきである。

（同上、四六―四八頁）

金子の提案通り、議事堂建設は慎重に進められ、仮議事堂の状態が続き、議会開設半世紀を経て、現在の国会議事堂が建築されることになった。

欧米の議院制度を調査した金子は、貴族院勅選議員となり、貴族院書記官長を（四一頁写真）命じられた。実際に議会を運営するとなると、未経験のことばかりでドタバタ劇が続くことになった。たとえば、貴族院の席次はどうするのか。抽選で決めろという意見もあったが、皇族議員が抽選の結果、華族でもない多額納税者議員と混じるのはまずいということで、爵位順に着席と決まった。また議事規則がなく、初めて議会にのぞむ議員が規則を作れるわけもなく、金子が大急ぎで作成した。玉座を設けたが、頭上の飾りがルイ一六世のものとそっくりだとの指摘が出た。ギロチン台に消えたルイ一六世と同じというのは縁起がわるいということで取り替えたなど、金子は繁忙をきわめながら何とか議会開設にこぎ着けたのである（「議会開設当時の事情」、『著作集』二）。

議院制度取調の出張中、金子は、日本政府が派遣した人物ということで、スペンサーをはじめ著名な政治家・識者と親交をもった。この時の親交は、金子が国際人として活躍していく際に貴重な財産となった。いまひとり、重要な人物と金子は出会っている。後のアメリカ大統領セオドア・ルーズベルトである。ルーズベルトは、「文官試験委員会の委員長」をしており、ハーバード大学で同窓だったということもあり、金子とクリスマス・カードや手紙をやりとりする関係となった。ルーズベルトの知遇を得たことは、金子の日露戦時の宣伝外交で活きることになる（「金子堅太郎伯述　日露講和ニ関シ米国ニ於ケル余ノ活動ニ就テ」一九三九年）。

二、条約改正

「文明国標準」

徳川幕府によって締結されたこの条約は、我が国に不利なるものばかりで、明治政府はこれが改正を企図したけれども遂げ得ずして遂にこの時に及んでしまった。それで伊藤公としては憲法の実施と条約改正とを並行的にやろうという魂胆で喧々囂々として動揺つねなき政界に棹さして憲法の起草につくす他方においては条約改正の前哨戦というわけで実に多事だった。ところが各国公使らは異口同音に「いくら条約改正を叫んでも日本の現状では対等の交際が出来ないではないか、第一に日本は社交的に独立しているかどうかも分からない」というてんで相手にしない。これにはさすが伊藤公も弱らされた。各国の使臣と交際する必要を痛感した結果、儀式は洋式となり要略の大官夫人や宮内官夫人らは洋装をすることとなり、伊藤公から洋装の生地を贈ってこれを奨励、ダンス、バザーなど連日連夜の饗応、会遊に種々の趣向がこらされ、いわゆる鹿鳴館時代を現出するに至ったのだが、国粋保存主義者からいろいろ悪口をいわれた。

憲法は明治二十三年紀元の佳節に発布されたが、条約改正は中途幾多の難関に逢着し不幸にして遅れてしまい、伊藤公の心中は想像するだに余りがあった。井上（馨）外相は中途に外相を辞したり、或は大隈外相も襲撃されるなどして全く前途暗澹たるものとなった。

（「条約改正の裏面」一九四一年、『著作集』二）

金子堅太郎のこの回顧は、条約改正当時の状況を端的に物語っている。明治政府の最重要外交課題であった不平等条約の改正は、日本の西洋文明受容を後押ししたが、鹿鳴館をめぐるドタバタ劇と同時に、制御の効きにくいナショナリズムを生むことになった。

不平等条約とは、幕末に幕府が欧米列強と結んだ条約のことで、領事裁判権・関税自主権がないこと・片務的最恵国待遇・外国人の関係する行政権を日本が自由に行使できないことなど、日本に不利な内容を含む条約であった。領事裁判権とは、外国人の関わる事件を当該国の領事が裁判するというもので、いわゆる治外法権である。また、関税も日本の自由とならず協議して決めることになっていた。くわえて、日本が種々の行政上の規則を設けても、外国人には適用されない場合が多く、明治政府は苦慮することになった。ただし、近年の研究では、幕府の外交が無能だったわけではないとされる。近代国際秩序への参画を前提としていなかった幕府にとって、条約の不平等性はさしたる問題ではなく、外国人の自由な居住（内地雑居）を禁止するなど、日本の主張を一定程度認めさせることに成功した。ところが、明治政府が欧米型の近代国家になることを決定した時点から、不平等条約は、日本が国際社会で歩みを進める際に重い足かせとなったのである

そもそも、一九世紀後半にあって、こうした日本への不平等な扱いは国際法に違反するものではなかった。「文明国標準」の発想があったからである。文明国標準の思想とは、西洋文明を基準とした法体系や政治社会制度が整備された国を文明国とし、そうではない国を未開国・野蛮国として国際法の適用を除外するものであった。よって、文明国標準に達していないとみなされた日本を不平等に扱うことは法的に不当ではないとされたのである。

ビゴーの風刺画

ところで、文明国標準の論理には、差別される側にとって重大な問題があった。文明とは西洋文明のことであり、それは無色透明なものではない。西洋文明は、キリスト教を土台とした価値観で成り立っていたうえ、人種的には白人を主とするものだった。先に日本人の西洋文明受容について論じた際、「惑溺型」のなかには、日本語を捨て英語にすべきだ、果ては日本人種を混血によって改良すべきだという意見を大真面目に語るものがあったことを紹介した。これは、まさにキリスト教徒ではなく有色人種であった日本人の越えがたい壁を越えるための必死の策だったといえる。

文明国をめざす日本にとって不平等条約は未開国のレッテルであった。だからこそ、条約改正のために、憲法を制定し、批判をものともせず鹿鳴館でダンスパーティーを開いたのである。しかし、西洋人の目は冷たかった。左の絵はビゴーの有名な風刺画である。日本人が洋装してもしょせん猿まねということだ。黄色い肌の猿であることは、憲法を制定しようが、強い軍隊を持とうが変えられないのである。

いま一点、文明国標準には問題があった。ルールが変わるということである。日本が最初に文明国標準に触れたときには、文明国は、帝国主義に基づき国力を誇っていた。日本も文明国への道は帝国主義にあると考え、帝国日本の発展をめざした。しかし、第一次世界大戦後には、帝国主義は否定され、内政と外交の民主化こそが文明国の証だとされ、それができない日本は文明国ではないと評価されることになる。金子も、若き日にアメリカで体験した文明国標準から抜け出せず、ルールの変更後の国際政治に対応できなくなっていった。

文明国側の都合だけでルールの変更が行われたわけではなかった。一九世紀末から二〇世紀初頭にかけて、欧米の帝国は全盛期を迎え、帝国への吸収という形で、アジア・アフリカが国際社会に組み込んでいった。植民地とならなかったトルコや日本・中国などは近代化を進め、欧米諸国との対等な扱いを要求しはじめた。欧米諸国にとって、キリスト教徒でも白人でもない国々を、国際関係に参加させることじたいが、ルールの変更であった。新興の非西洋文明国をどう扱うのか、欧米諸国は対応を迫られることになった。非西洋諸国に圧力を加えるだけでは、反西洋意識を高めるばかりで、これが植民地に波及すれば帝国の維持も困難になるからである。国際社会の拡大に対して、法も変化しなければならなかった。一八九九年と一九〇七年のハーグ平和会議も戦争を国際法で規制しようというものだった。こうした国際会議に、金子のような海外経験の長い人物は、西洋諸国・非西洋諸国双方に不可欠な人材であった。単なる語学力の問題ではなく、西洋文明の作法を身につけていたからである。一年近くにわたる議院制度取調出張を終えた金子は再び海外出張に赴くことになった。

国際公法会

金子の議院制度取調出張中、オックスフォード大学のホランド教授は、日本が文明化を進めた結果、欧米諸国と同等の地位とみなされるようになったとし、条約改正を断行すべきだとして、次のように述べた。

> 日本政府は常に二三の英国の国会議院《ママ》と結託し、その人をして議場において英国政府に向かい、日英間に締結したる条約より生ずる双方の不利不便および日本人民の条約改正を熱心する実況等を質問せしめ、絶えず英政府とその人民との注意を促すを必要とす。また、欧米において国際公法学者の設立に係る国際公法協会には、日本人において入会して会員となり、日本に現存する公法上の関係および将来の方針等をも詳かに記載したる冊子を送りて、その実況を報告する

を必要とす。以上陳述するが如く、着々歩を進むるときには、欧米公法学者は勿論その他の国民といえども、日本の事情を熟知するに至らん。また、国際公法協会においては、日本と欧米諸国の間に存在する現行条約および公法上の関係等を審査するを以て一問題とするに至らん。もしこの問題にして欧米学士の間に成立するに至らば、日本の利益なるか否は予が言を俟たずして明なり。

（『巡回記』一三三―一三四頁）

ホランドの忠告は、条約改正のためには、日本のパブリック・ディプロマシーが欠かせないことを指摘したものだった。パブリック・ディプロマシーとは広報文化外交のことで、外交政策に関して、相手国に情報を提供して、自国の国益になるように輿論を形成する施策である（松村正義『近代日本の広報文化外交』）。議院制度取調出張そのものが、憲法制定を欧米諸国に宣伝するパブリック・ディプロマシーであった。ホランドは憲法制定の次の課題として条約改正を挙げ、成功のためには一層の広報活動が必要であると説いたのである。ホランドが言及した国際公法協会（国際公法会）とは、一八七三年に設立された国際法の専門家による国際組織で、会員には当時の著名な国際法学者が名を連ねていた。一八九一年九月、金子は国際公法会の準会員に選出された。ホランド教授からは祝意の書簡が届き、金子に翌年にジュネーブで開催される総会への出席をすすめた。伊藤博文も条約改正を進める好機として金子の総会出席に賛成し、金子の派遣が閣議決定された（堀口修編著『金子堅太郎と国際公法会』）。

一八九二年六月日本を出発した金子は、太平洋を渡り、ボストンで旧師ホームズやクリーヴランド大統領などと面会した。この際交わされた会話から金子の日本の国家像がうかがえ興味深い。

ホームズを訪ねた金子がジュネーブでの演説の骨子を説明すると、ホームズは次のように応じた。「あなたの論鋒は明晰で説明のための材料も十分です。しかし、一言参考までに言っておきたい。そもそも国際関係というものは、法理で維持するものではなく、人道で左右されるものでもありません。弱肉強食によっています。よって、欧米列強の特権は、法理と人道の講演で撤廃できるものではありません。」かつてビスマルクが岩倉使節団に語った国際政治の現実に関する忠告と同様の内容だった。これに対して、金子は声をひそめて次のように応えた。「列強を恐怖させる腕力を持たねばならないことは、日本の政治家もよく分かっています。そのことを世界に示す機会は時々刻々と迫っています。つまり将来における日清両国の戦争です。戦争は東洋の形勢上避けることはできませんので、この戦争で我が日本帝国は清国を征服し、列強にその腕力を示そうと思います」（以下の会話は「国際公法会参列紀行」、堀口編著『金子堅太郎と国際公法会』七七頁）。

この時点で、日本政府が日清開戦を決定していたわけではないが、金子は国際情勢からして早晩日清戦争が勃発することを予測していたようである。弱肉強食の国際社会でものを言うのは腕力、つまり国力であるとする金子の考えは、この後変わることとなかった。

クリーヴランド大統領との会話で、金子は次のように尋ねた。「内政を優先し外交を後まわしにすることは、あなたが率いる民主党の綱領であることは私も承知しています。しかし、最近世界の列強は太平洋に着眼し、その勢力をこの方面に扶植しようと企図しているのは、かつて欧州各国が地中海で勢力範囲を競った時のようです。アメリカは太平洋に千里以上の沿岸をもち、また農工業の製産品は将来必ず東洋に輸出する時期が来るでしょう。（中略）速やかに東洋問題を研究し、太平洋に向かって国力発展の政策を確立することは米国のために緊要だと思います」。これにクリーヴランド大統領は、民主党も覚醒し、太平洋問題に当たるだろうと応えた。（以下の会話は「国際公法会参列紀行」、堀口編著『金子堅太郎と国際公法会』八〇―八一頁）

金子はこの頃から、法制だけではなく経済問題にも関心を高めていき、帰国後農商務次官として殖産興業の陣頭指揮をすることになる。金子は、世界の中心が大西洋から太平洋に移ることを見とおしていた。一九一四年にパナマ運河が開通し、太平洋問題が外交・経済の重要課題となるが、この時点での金子の発言は慧眼だったといえる。

アメリカを後にした金子はイギリスに到着、スペンサーに手紙を出した。避暑中で面会はかなわなかったが、スペンサーから丁寧な返書が届いた。スペンサーは、列強の勢力を警戒し、日本を外資に開放すべきではないこと、日本人と外国人の雑婚は、異なる環境に適合してきた人種間、つまり白人と日本人の混血は、「生物学上」環境に適合できない者を生むので禁ずるべきことなどを書いていた。

九月にジュネーブに着いた金子は、国際公法会総会に出席し、日本の司法が十分に整備されていることを具体的な事例を示して演説した（Lorca, *Mestizo*, pp. 65-72）。金子の演説を受けて、国際公法学会は、ほかの東洋諸国から切り離して、日本の司法制度について調査報告をすることを決議した。

公法会の活動は、条約改正に直接結びつくものではなかったが、有力な国際法学者が、日本に対して治外法権撤廃やむなしとの意見をもったことは、条約改正実現の強力な側面支援となった。迂遠に思えるこうした輿論喚起こそが、パブリック・ディプロマシーの本分であった。

一八九四年七月、日英通商航海条約が締結され、領事裁判権を撤廃した平等条約締結にいたった。

欧化と国粋

憲法制定をはじめとした西洋文明受容は、条約改正のために必須であった。しかし、急激な欧化政策は抑制の効きにくいナショナリズムを生むことになった。自由民権運動など反政府的立場の勢力は、条約改正をめぐる諸施策への批判を強めていった。

一八七九年から八七年にかけて外務卿・外相を務めた井上馨の条約改正交渉は、いわゆる鹿鳴館外交であり、欧米外交官の歓心を買うために皮相な欧化政策を進めるものであった。鹿鳴館のパーティーでの伊藤博文らのスキャンダルが報じられ、民権派のみならず、政府内の守旧派からも批判があいついだ。また、井上が欧米列強に示した条件も批判を浴びた。外国人の内地雑居を許し、裁判所に外国人判事を任用することが国辱的だというのである。また、井上馨の辞任後に外相となった大隈重信の条約交渉も、アジア主義の政治結社玄洋社の前社員による爆弾テロで大隈が負傷し頓挫した。

条約改正をめぐる政府と反政府派の立ち位置は微妙なものだった。政府も反政府派も国家としての日本の名誉には敏感だった。不平等条約を結んでいることじたい、日本が非文明国扱いされている証拠なのであるから、一刻も早い条約改正を反政府派も望んではいた。自由民権派は、政府への嫌悪感から、改正交渉の手法が国辱的であると政府批判を強めた。その過程で、政府の欧化政策に対抗するために国粋主義が強調されるようになった。国粋主義とは、行きすぎた欧化政策を批判し、日本の伝統や独自の国体を賞揚する思想である。

国粋主義は、伝統や国体を強調したが、自らその価値に気づいたのではなく、欧化の反作用として現れた点に注意すべきである。自分の立場を強調・賞賛するような発想は、圧倒的な他者の存在を意識したときに生まれやすい。正面からぶつかっても勝てないことが明らかな状況での自己顕示は、非合理的な論旨を絶叫するものになりがちである。近代日本の不幸の一つは、民権論が、政府批判のために国粋主義に近づいた点である。天賦人権論であれ、立憲主義であれ、もともと西洋文明が生んだ思想であり、民権論は、国粋主義とは本質的に異なる考え方のはずであった。しかし、政府批判の戦略として国粋主義的な言説を民権派が取り入れたのである。

民権論と国粋主義・国家主義が結びついたことで、議会の場で天皇や国家を相対化する雰囲気がほとんどなくなったのである。一八九三年一一月からの第五議会では、政府の条約改正交渉を争点とするため、現行条約励行論が現れた。内地雑居を禁じている条約を厳密に施行して居留地外での外国人の活動を制限せよという議論だった。これと強硬な外交を求める対外硬の議論が結びついて、民党である改進党と吏党である国民協会が手を組み（硬六派）、政府を厳しく批判した。

一八九四年八月、日清戦争が始まると、国権拡張を主張する硬六派は当然のように戦争を支持し、政府予算案を衆議院が全会一致で協賛することになった。政府に対抗するため国粋主義的な対外強硬策を唱えてきた民党としては、戦争に反対する立場はとれなかった。もともと民党は民力休養を求めて政府の軍事予算拡大に反対していたが、民権論が国粋主義と結んだ結果、反戦・平和を要求する気運が失われたといえる。日清戦争は、対決姿勢を崩さない民党勢力を戦争協力の名のもと、政府の方針に賛成させることになった。日清戦争は、日本社会に一体感をもたせ、国民国家形成を進めることにもつながった。

加えて、日清戦争あたりから、これまで日本が模範としてきた中国を、近代化に失敗した国として侮蔑する言論が多く現れるようになった。福沢諭吉が日清戦争を「文野の戦争」（文明と野蛮の戦争）と呼んだことからも明らかなように、日本が文明国で中国は野蛮国であるとする認識が広まっていくことになった。文明国であるためには、西洋文明受容を進めるしかない一方で、「帝国」としてのアジアに向かっての帝国日本の拡大を否定することが許されない状況ができるのである。後に論じるように、日清戦争ごろにできあがるこの構図が、第一次世界大戦後の国際情勢の変化に日本が対応できなくなる一因となるのである。

第六章　産業の国際化

一、明治日本の産業政策

環太平洋構想

金子堅太郎が憲法起草に参画したのは、一八八四（明治一七）年三一歳の時で、三〇代の間は法制官僚として存分に力を発揮した。一八九四（明治二七）年四二歳の時、金子は第二次伊藤博文内閣の榎本武揚農商務大臣のもとで農商務次官となり、日清戦争後の殖産興業政策の陣頭指揮をとることになった。金子は、次官とはいえ、榎本大臣から省務を任されており、「次官大臣」として経済政策を立案実施していった。

金子は、憲法の専門家もしくは国際人としてのイメージが強いが、経済政策にも精通していた。金子の経済構想の特徴はいち早く「環太平洋」に日本の経済発展の可能性を見いだしたことにあった（顗原善徳「一九世紀末日本の環太平洋構想」）。

我が国の形勢を考えると、とうてい農業国として綿羊毛やその他の原料をアジア大陸に供給するだけの力はない。よって、このことは現時点で断念するしかない。むしろアメリカ・支那・インド等の綿を取り、オーストラリアの羊毛など、太平洋沿岸の未製造品を取り、これを加工して他国に販売することを大方針として、工業立国の基礎を固めるしかないのである。

（「日本将来の工業」、『経済政策』一七―一八頁）

当時の日本は農業国だったが、狭小な国土を考えれば農産品の輸出国にはなれない。よって、原料を輸入し工業製品に加工して輸出する工業国になるしかないというのが金子の意見だった。金子は、日本が工業国になる利点を次の五点挙げた。

一、島国であること
二、気候が温暖なこと
三、勤勉で信用を重んじること
四、最新の技術を学んでいること
五、粗より精という順序の工業政策を採っていること

つまり、イギリス同様の島国であるため、輸出入に便利な労働しやすい環境下で、勤勉に信用第一で製品をつくり、最新の技術を海外に学んで、軽工業より重工業へ進んでいけば工業国になることができるというのである。

ところで、金子は日本に工業化への利点があるからといって、漫然と工業製品をつくるべきではないと考えていた。たとえば、当時の日本の主要輸出品であった絹織物に関して、次のような具体的方策を提言していた。第一に、

業者が同業組合をつくり、海外の市場調査を綿密に行うべきだとする。その上で、海外の需要にあった均一な製品を輸出しなければならない。金子は、商習慣が異なる欧米の状況を特派員に調査させ、積極的に欧米で日本の絹織物を日本人の手で販売すべきだというのである。市場調査に基づいて、輸出先で売れる製品を製造し、日本企業が海外進出して販売すべきだという、当時では貴重な体系的輸出促進策を提起したのである。(「絹織物輸出に就て」、『経済政策』)

日清戦後の着実な経済政策を推進するため金子が中心になって一八九六年には農工商高等会議が開設された。その第一回会議で金子は大演説を行った。ここでも金子は日本が工業国となる条件をそろえていることを強調した。

一、日本が、太平洋に浮かぶ島国で、「東方に南北アメリカ大陸、西北にアジア大陸、南方に豪州及南洋諸島」があるという好立地であること

二、日本人が工業に適した性質を持っていること

三、石炭が十分にあること

四、労働賃金が低廉であること

五、工業に必要な金属や原料など鉱物が富んでいること

六、水力発電によって、電気の工業利用が期待できること

この六つの利点のなかで、第五点の鉱物に関しては、現実には鉄鉱石などは輸入に頼ることになったが、その他の指摘は的確であった。金子は、いちいち詳細な調査に基づいて数字を示して議論を展開した。また、日本にとってのアジアと欧米諸国を次のように位置づけた。

欧米の先進国には、我が国固有の物産、つまり生糸、茶、及び美術工芸品を（中略）輸出することを計画すべきだ。（中略）我が国で欧米から学んだ文明的な工業は、いまだ試作・練習の時期なので、欧米の先進国で製造したもののように精良ではないため、今しばらく欧米諸国に輸出するのを止め、まずアジアの後進国に供給する方針を計画するのが急務である。

（「農工商高等会議開設の理由」、『著作集』二、一九八―一九九頁）

金子は環太平洋という広域での日本製品の展開を図りつつも、現実的な販路としてアジアを重視していたことがわかる。この演説での金子の表現では、欧米は「先進国」でアジアは「後進国」とされているが、「日清戦争の結果として、世界での我が国の地位はとみに一変し、欧米諸国は日本を世界の商工業界の強敵として恐怖する」（同上、二〇三頁）までになった日本は「先進国」に近づきつつあるという認識だったと思われる。「先進国」として、工業化や造船に欠かせないのが、自前での鉄鋼生産であった。

八幡製鉄所

現在、北九州市には新日鐵住金の製鉄所を中心に一大工業地帯が形成されている。そのもとになったのが、一九〇一年に開業した官営八幡製鉄所である。

製鉄所ができる前の八幡は戸数四〇〇戸に満たない寒村だった。筑豊炭田をひかえ、海運の便に恵まれたこの地に製鉄所がつくられるにあたっては、政府高官であった金子堅太郎の建言が影響した。八幡は旧小倉藩領だったが、福岡県出身の数少ない政府高官として、金子が郷土の開発に貢献したことは、第四章でも触れた。

日本の製鉄業は、関税自主権がなかったため、低関税の安価な輸入鉄鋼におされて伸び悩んでいた。しかし、日清戦争で要した多量の鉄材を輸入品に頼ったことなどから、大規模な製鉄所建設が求められるようになった。製鉄所の建設は、当初海軍省の所管であったが、農商務省に所管が移され、一八九五年開設の製鉄事業調査会の委員長には農商務次官である金子が就いた。

金子はすでに一八八八年の帰郷時から小倉に着目していた。

予はそれより門司を出で小倉を経て木屋瀬を過ぎ八木山峠を越えて福岡に着したるが、経過の沿道より地の理、港湾の便に於て天下恐らく斯の如き処なく、加うるに工業の原動力なる豊筑の炭田なる者を有し居れば、他日門司附近、小倉、若松、遠賀川の両岸は将来の大工業地として煙筒林立の偉観を呈するの地たることを確めたり。

（『福岡県史』通史編近代・産業経済（一）、七九一頁）

一八九六年、福岡に赴いたおり、枝光《えだみつ》（現在の北九州市八幡東区）辺りを見て、金子の心が決まったようである。

当時平岡浩太郎が若松に居った。そこを宿としてこの地方を探検した。平岡浩太郎と共に雨の降る日だった。小さな小舟に乗って若松の土地から今の枝光に来たのです。その頃そこは汐浜であった、その横には沼地があって芦があった。芦は一間もあるようなもので船頭は押分けてやっとこさ岡へ来て漁師は海にとび込んで私と平岡を背中におぶって岸に上った、そうして視た所が枝光一円ということに考えついた。

それは丘の海を深くして若松の入口を広める計画をすれば必ず船も這入れるという計画を当時私は持っておった。そうしていよいよ枝光にと私の心の内で決めて帰って大臣に報告した。大臣も賛成した。

（「八幡製鉄所はこうして建てられた」一九三六年の講演、『戸畑市史』第二集、五八五頁）

その後、議会では、ほかの候補地選出議員などから疑義が出されたが、金子は綿密な調査に基づき論破した。一九〇一年、八幡製鉄所は開業した。文明国の仲間入りをするためには欠かすことができない産業施設だった。ところで、製鉄所に関して、次のような日露戦時のエピソードを金子は紹介している。次章でみるように金子は日露戦時滞米して宣伝外交につとめるが、そのとき、「鉄鋼王」カーネギーに出会って以下のようなやりとりをしたという。

新聞で見ると日本の政府は製鋼所を建てたというが本当ですか、私はそれは本当だ建てたと言った、ところが彼は日本で製鋼ができるものかと冷かに冷笑した。日本では製鋼所を建てたというが私は職工からたたきあげて来た、製鋼所はなかなか難い、日本人なんかの手で造れるもんかと言って、多数の中で冷笑した、そこで私はただ一言いった、（中略）今から五年長くて十年の後には立派な製鋼所を建ててみせるからその時は事実が証明する。

（同上、五八七―五八八頁）

このエピソードには、金子は大見得を切った手前、帰国後に農商務大臣や製鉄所長官に一〇年後にカーネギーを見返してほしいと頼んだという落ちがつくが、八幡製鉄所は「文明的な製鉄所」（金子の演説での表現）として成功し、製鉄所一帯はカーネギーに恥じることのない大工業地帯に発展することになる。

二、閣僚として

初入閣

金子堅太郎は、一八九八年四月第三次伊藤博文内閣の農商務大臣（九五頁写真）となり初入閣をはたした。ここで、当時の複雑な政治状況を簡単にみておきたい（以下、中元崇智「日清戦争後における経済構想」を参考）。

明治政府が議会を開設した際、超然主義を採ったことはよく知られている。超然主義とは、内閣は議会・政党の意向に関係なく独自に行政を進めていくという方針である。しかし、選挙では、政府寄りの吏党ではなく、民党が過半数を占める結果となった。民党とは自由民権運動の流れをくむ自由党と改進党などで、政府と対決姿勢を鮮明にした。

明治憲法制定のところで説明したように、憲法では議会に法律と予算の協賛権（事実上の議決権）を認めており、民党の抵抗に政府は頭を抱えることになった。議会が予算を認めなくとも、前年度予算が執行できたが、近代化の諸事業・軍拡など新規に取りかかるものが目白押しのなか、前年度予算執行では対応できず、政府は予算案を何としても通過させる必要があった。また、議会が抵抗すれば増税もできなかった。

一八九二年から九六年にかけて続いた第二次伊藤博文内閣は、元勲総出で伊藤を支えた。また、憲法制定に功のあった井上毅は文部大臣に、伊東巳代治は内閣書記官長に、金子は農商務次官として政府入りした。伊藤博文は、自由党との連携を模索し、自由党と関係が深い陸奥宗光を外相に任じた。九四年には、日英通商航海条約により不平等条約の一部改正に成功し、日清戦争に突入した。日清戦争による挙国一致体制ができ、戦後には伊藤内閣は自由党と正式に連携したが（板垣退助が内務大臣として入閣）、改進党は反発して対外硬諸派と合同して進歩党を結成した。自由党と進歩党は民党として連携せず、政府は自由党か進歩党のどちらかに近づくことで議会での基盤を模索することになった。第二次伊藤博文内閣後は、進歩党と連携する第二次松方正義内閣が成立した。松方内閣は地租増徴を提案したため、進歩党との連携は崩れ、総辞職に追い込まれた。

一八九八年一月、伊藤博文は第三次内閣を組閣した。伊藤は当初、自由党・進歩党との大連立を目論んでいたが、連立交渉が流れたため、やむを得ず超然内閣となった。議会では民党勢力が三〇〇議席中一八九議席を占め、政治運営は困難であった。伊東巳代治農商務大臣は、自由党との提携を模索したが、伊藤首相に反対され辞職した。四月、金子は伊東の後任として農商務大臣に就任したのである。しかし、政府の重要法案はことごとく否決され、伊藤は総選挙後三ヶ月で議会を解散した。自由党と進歩党は政府への反発を強めついに合同して憲政党を結成し、六月末伊藤内閣は総辞職した。

初入閣した金子だが、農商務大臣を務めたのはわずか二ヶ月間であった。しかし、大臣になった金子の喜びは深く、「感慨無量、人間最大の光栄を始めて心魂に感じた」（『自叙伝』二）のであった。農商務大臣就任にあたり、金子は次のような方針を掲げた。

日本とイギリスが互いに協力して、イギリス人の短所を日本人の長所で補い、日本人の短所をイギリス人の長所で補えば、アジアの商工業は日英両国の掌中に帰するであろう。つまり、イギリス人は機械と資本を供給して後方勤務の任に当たって、日本人は労働者と企業家が先鋒隊を組織して、互いに協力して東洋の富源を開拓すれば両国の得るところは非常に大きなものになるであろう。

（「日英商工同盟の必要」、『経済政策』三一〇頁）

金子は、外資導入の重要性を早くから主張しており、イギリスやアメリカの資本に着目していた。金子の構想は、日本興業銀行（一九〇〇年設立）として実現した。また「労働者と企業家が」という表現からうかがえるように、金子は工場法の制定による労使協調と労働者保護を農商務次官時代より訴えていた。

我々は今日は工業経済の点から徒らに発達を妨げるというようなことは希望しない、又一方から考えて見ますれば、この工業に従事しておる工女工男もやはり人間で、それだけ空気を吸わなければならぬ、また休むこともしなければならぬ、もしこれを一時の利益に迷って工業の発達を顧みずしてやったならば、五年か十年の後には、日本の大事の工業の原動力たる工業の人種が弱くなる、必ず十年の後には蹉跌を来し頓挫を来しはせぬかと思います、（中略）資本家と職工との間に高等会議のようなものが立って、両者の関係を円満にしたいと思う

（「第一回高等会議発言」、『著作集』第二集、二一二―二一三頁、二一五頁）

金子は、弱者保護という観点ではなく、日本経済の発展のためには一定の労働者保護政策が必要という立場だったが、金子の農商務大臣就任は労働運動関係者から歓迎された。晩年の金子は、国体論一色になるが、政府の一員として経済政策を担当していた時点では、労働運動にも理解を示す先進的な官僚・大臣であった。

名誉博士号

内閣を離れた金子堅太郎は、一八九九年五月渡米した。ハーバード大学から名誉博士号を授与されたからである。これで金子は「末は博士か大臣か」の双方を実現することになった。金子のアメリカでの所感は経済問題に集中した。

アメリカ経済の進捗が今日の速度で進んだならば、ニューヨークは遠からず第二のロンドンとなり、アメリカの資本はあまねく世界の需要に応じて供給され、アメリカの世界の金権とそれに伴う諸種の特権を掌握するに至るのはまちがいない。よって、二〇世紀の世界の殖産興業の大権を握るのは、イギリスでもドイツでもなく、アメリカであろう。

（『遊米見聞録』一九頁）

世界の覇権がイギリスからアメリカに移ることをいち早く察した金子は、アメリカがモンロー主義から「発動的世界主義」（active cosmopolitanism）に政策転換したと指摘した。アメリカは日本にとって最重要貿易国になりつつあるが、アメリカの目は中国に向けられていることを意識した日本の貿易戦略が必要だと金子は主張した。金子が慧眼であったのは、海底電線に注目したことである。「現在ならびに将来の列国の争点はひとえに時《タイム》にある」とし、太平洋の海底電線敷設に日本も積極的に関与すべきだとした。

極東の商工業国である日本帝国が欧米の大市場に接近し、最新の経済的変遷を知悉する道は、太平洋海底電線をおいてほかにない。現在ならびに将来の世界諸国は異身同体の有機体であるから、その一隅に発生する国際問題は雷電のようにすぐに総体の経済的状態に影響を及ぼす。太平洋海底電線は、日本がその変勢を自覚する唯一の機関ではないか。

（同上、八五―八六頁）

金子の予想のように海底電線の重要性は増していき、第一次世界大戦後にその処置をめぐって日米間の外交問題となる。急速に発展するアメリカを実見した金子は、日本を太平洋国家として戦略的な経済政策を推進すべきだとの意を強くした。日英商工同盟を訴えていた金子だが、アメリカとの連携を重視するようになり、この渡米時にモルガン商会と接触して、興業銀行設立に向けた金融援助の約束をとりつけた。

金子は、日清戦争の勝利に浮かれる経済界に対し、反動不況を警告していたが、事実、日清戦後は不況となり、財政が逼迫した。こうした状況を救うには外資導入しかないというのが、金子の主張だった。

ドイツといいアメリカといい、いずれも外資導入で戦後経営の事業をまっとうして今日の繁栄を築いたのではないか。殖産興業発達の気運に満ちた国が外資を輸入するのは決して不利益ではない。いわんや日本の今日の有様のように、財源が萎縮して他策を施しようがなく事業が枯凋衰落して再び回復するのが容易ではない我が国では外資導入が必要である。

（「外資輸入と興業銀行設立の急務」、『経済政策』四一九―四二〇頁）

頴原善徳《えばらよしやす》が指摘するように、金子は、アメリカ資本の導入により、日米関係を緊密化し、工業家が連携しておくのが、国の守りにもつながると考えていた（頴原「一九世紀末日本の環太平洋構想」）。実業界のつながりを利用した日米関係の調整という発想は、後に金子が、アメリカでの日本人移民排斥問題の解決に関わる際にも引き継がれることになる。また、金子が抱く日本の将来像は、環太平洋に雄飛する工業立国であった。国内産業の経営改善、重工業化への布石、産業発展のための外資導入と、金子の計画は総合的かつ国際的なものであったといえる。

最善の国家経営を完成させるためには、まず、内外の大勢を達観し、欧米列強の開発・対外活動をつまびらかにし、人類の智力体力の活動範囲となるはずの太平洋とその沿岸諸国の情勢をつまびらかにし、それによって日本国民が将来世界経済の伸張上、うかがうべき大市場・乗るべき政策・整えるべき設備を確定し、上下協和し朝野ともに助け合い帝国富強の実を挙げなければならないのである。

（『遊米見聞録』一六三―一六四頁）

立憲政友会

伊藤博文は困惑していた。憲法を制定し明治政府の首脳として政治の舵取りをしてきたが、民党の勢いは強まるばかりであった。かくなる上は自身が政党を組織して、議会で多数を占めて安定的な政治運営をするしかないと決意を固めた。第三次伊藤内閣の末期、伊藤は政党結成の方針を閣僚に告げた。

金子は「そらみたことか」という気持ちだった。第四章でも紹介したように、憲法発布直後、伊藤の超然主義に反対して政府も政党を組織すべきだと諫言したのはほかならぬ金子だった。

今日伊藤総理大臣が時勢に鑑み、どうしても政府が政党を造らなければ到底政策を実行することが出来ないと仰せられたのは、二十二年に吾々共の申したことで、今日政党をお造りになることは、私は大いに賛成でございます。（中略）不肖ながら私は率先して地方を巡回し、又及ばずながら演説は多少の経験もございますから、私は遊説係となりまして、大に地方の者を説いて同志を得ることに尽力致しましょう

（「金子堅太郎談話」二三七―二三八頁）

結局この時の伊藤の提案は実を結ばず、伊藤内閣の後、日本初の政党内閣である第一次大隈重信内閣（隈板《わいはん》内閣）が憲政党を与党に成立した。ところが、隈板内閣は旧自由党・旧改進党の対立が表面化して短期間で潰えた。隈板内閣後は一八九八年一一月に第二次山県有朋内閣が成立した。山県は超然主義で政策を行ったため、連携していた旧自由党系の憲政党との関係が決裂した。

伊藤は再び政党結成に動き出し、側近の渡辺国武、女婿の末松謙澄《けんちょう》、金子らを同行して各地を遊説した。遊説の内容は、政局に関することは慎重に避け、「欧羅巴の発達したる文明的主義」を採用してきた成果、つまり交通・商業の発達や条約改正後の外国人雑居への準備などを論じた。結党のことは慎重に避けつつも、来たるべき伊藤新党に期待を寄せてもらえるように工夫した演説だった。（瀧井一博『伊藤博文演説集』）

一九〇〇年六月伊藤が総裁となり立憲政友会が結党された。金子ら伊藤系の官僚や旧自由党系の憲政党員を中心に結成され、金子は総務委員に任命された。ところで、立憲政友「党」ではなく政友「会」となったのは、「党という字は、日本人の頭にはどうも受けが良くない、自由党、改進党、いずれも党というと嫌われ者が多い、実業家とか中立者とかいう人達は、別して政党とか党派とかいう党の字を大変に嫌うから、立憲政友会となされてはどう

です」（「余の知れる伊藤公」、『著作集』三）という金子の助言によるものだった。予想通り伊藤の結党には大きな壁が立ちはだかった。明治天皇と山県有朋である。明治天皇は議会開設以来の民党と政府の争いをみて、政党に不信感を抱いていた。しかし、伊藤の説得に応じた天皇は二万円もの下賜金を与えて政友会成立を陰助した。

山県は、より陰険だった。表面上は政友会に反対しなかったが、伊藤に政党政治の準備を整える暇を与えず、一九〇〇年一〇月には総辞職して、伊藤に政権を譲ったのである。その結果、第四次伊藤博文内閣が立憲政友会を与党として成立した。金子は農商務大臣になるものと思っていたが、司法大臣に任命された。苦学時代、平賀義質の従僕として、司法官の退出を土下座して見送っていた金子がついに司法省のトップになったのである。翌年二月、金子は母安子を亡くした。金子が農商務大臣就任の際、これで母親の役割を果たしたと涙した安子であったが、前年五月には男爵に叙爵された金子と喜びをともにすることができた。

金子にとって念願の司法大臣だったが、第四次伊藤内閣はすぐに行き詰まった。山県有朋の息のかかった貴族院が内閣攻撃をしたからである。星亨逓信大臣は汚職事件への関与を責められ辞職に追い込まれ、予算案も貴族院の反対にあった。こうしたなか、閣内でも渡辺国武蔵相と原敬逓信相の対立が激化し、一九〇一年五月に伊藤首相が単独辞職するという事態になり、六月桂太郎内閣が成立した。金子の意気込みは十分だったが、農商務大臣の時と同様、目立った成果が出せないまま大臣の職を退くことになった。

憲法制定への参画にはじまり、諸外国への出張、北海道視察、経済政策の立案など、官僚としての金子は、赫々たる業績を残した。しかし、閣僚になってからは、短期間の在職となったのは金子の責任ではないとはいえ、その言動に精彩を欠くようになった。とりわけ、政友会結党後は、金子の存在は、西園寺公望や原敬の陰に隠れ薄れていった。その原因は何だったのか。

第一に、アメリカ留学帰りの西洋文明受容の第一人者という地位が揺らいだことである。金子の後にも次々と優秀な留学経験者が出てきただけではなく、金子の知識は官僚として精力を傾けている間に現状に「最適」のものではなくなった。憲法制定前後から日本の「知」のありようは、英学からドイツ流の国家学へ転換した。（山室信一『法制官僚の時代』）金子はそれを後押ししたが、皮肉にも金子自身はアメリカで学んだ英学の知識を身につけていた。もちろん、近代化を進めるにあって、金子の英学の知識が無意味になったわけではないが、金子も参画してつくりあげた明治国家体制にあって、金子の学識が最優先に必要とされる状況ではなくなっていったのである。

第二に、金子の性格の問題であった。ここまでも指摘したように、金子は自己顕示欲が強く、自己顕示のためには立場を簡単に変えてしまう機会主義的な人物だった。一方で、利権に近い経済官僚を経験しながらも、収賄にまみれることもなく、一貫して己の知性を活かすべく行動した。よって、情実に流されず種々の政策を立案できた。逆にいえば、金子は政治的な調整や駆け引きは苦手であり、政治家に必須の政治資金集めなども全くしなかったと思われる。

司法大臣退任後、伊藤博文は、東京市会議長であった星亨の暗殺後の東京市会参事会委員を金子に依頼したが、それを渋った金子は原敬の面前で叱りつけられた。

> 金子が今後内閣を組織する場合に市政に従事していては取り残されては困ると言うと、伊藤は激昂して、先年に金子が組閣の際取り残されたといって自殺を宣告されたようなものだと言ったそうだが、私は決して入閣を約束していたわけではないのでそんなことを言われる覚えはないが、伊東巳代治が農商務大臣を辞職した後任にしたではないかと詰め寄った。金子は老母が病死したことなどで貧乏しているので、多少の補助を仰ぎたいと申し出たが、伊藤はそのことな

らばなんとかしてやろうと言った。

（『原敬日記』一、一九〇一年七月五日の項）

金子は伊藤博文に資金援助を頼むほど金に困っていたようであり、炭鉱開発や製鉄所建設で関係が深まった福岡の財閥から収賄できる立場にありながら、金銭的には清廉だったようである。

他方、このエピソードから、金子の立場が伊藤にとって軽いものになっていたこともうかがえる。この日記の一文をのこした原敬にすれば、面前で叱責される金子は情けない存在だったに違いない。金子は、よく言えば正直な人物だったが、政治家に必要な、百年の仇敵でも必要であれば笑顔で抱きあうような老獪さはなかった。褒められれば相手の意図にかかわらず喜び、貶されれば公然と敵対するという金子の単純さは、百戦錬磨の政党政治家のなかでは大きな欠点になった。

しかし、不遇の時代に入った金子に再び活躍の場が与えられることになる。それも世界を相手にした大舞台であった。

第七章　日露戦争

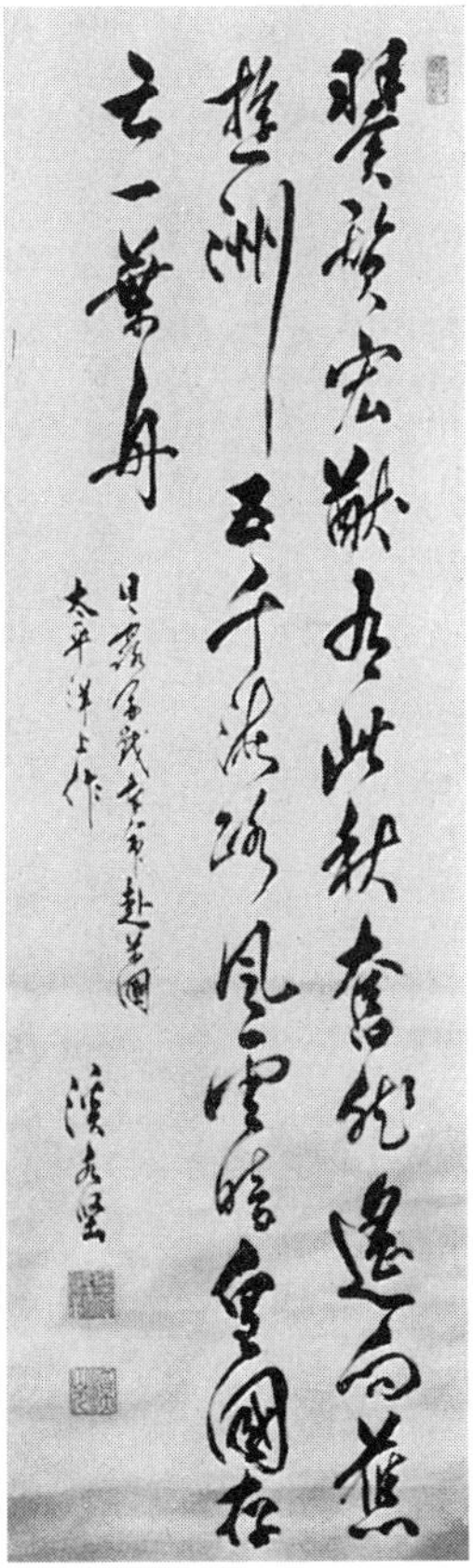

一、アメリカ派遣の背景

アメリカとの距離感

文明国として欧米列強から認められることが、明治期日本の目標であったことは、ここまで述べてきたとおりである。憲法制定に成功した日本は、初めての対外戦争である日清戦争に勝利をおさめ、台湾を領有することになった。しかし同時に、めざましい日本の発展は、極東の未開国という、欧米列強の日本に対する認識をあらためさせることになった。それまで歯牙にもかけていなかった日本が、欧米列強のアジア進出の障害とみなされるようになっていった。

イギリスは、ドイツの興隆などの影響で、東アジアでの勢力に陰りがみえはじめた。一九〇二年、「極東の番犬」にしようと日英同盟を結んだのも、情勢変化をうけてのことだった。日英同盟は、イギリスが「光栄ある孤立」を捨て、ようやく文明国らしくなってきた日本に国際政治における一定の役割を認めたものであった。同盟は、日本が第三国（つまりロシア）と開戦した折には、イギリスが中立を保つことを約束したものだったが、イギリスの中立が日露戦争の時に役立つことになる。

ロシアは、不凍港を求めて南下政策を進め、沿海州から中国北東部・朝鮮半島への進出を積極化した。日清戦争に勝利し、朝鮮半島での立場を優位にしたはずだったが、李氏朝鮮は、ロシアを後ろ盾にすることで、日本に対抗しようとした。これは日本にとって頭の痛い問題で、一八九六年には、元老の山県有朋がニコライ二世の戴冠式に出席し、山県＝ロバノフ協定を結び、九八年には西＝ローゼン協定を結んで、朝鮮半島における日露両国の衝突を避けるべく苦心を重ねた（麻田雅文『日露近代史』）。

アメリカは、開国以来、ほかの列強にくらべて日本に好意的な態度を示すことが多く、日本の近代化にも新興国同士ということで協力的であった。そのアメリカも、一八九八年の米西戦争でスペインの植民地だったフィリピンやグアム島を領有し、太平洋への進出を本格化させ、台湾を領有し南に向かって勢力をのばしはじめた日本に警戒の目を向けるようになった。

西洋文明を受け身でただ受容しておけばよかった時代は終わった。日本も国際政治の場で、自国の立場を主張し、主体的な政策を実施することが求められるようになったのである。ところが、いかんせん当時の日本には、海外経験をした者は少数で、多くの国民は海外の事物に接することもまれだったため、主体的に外国との交流を進めるにも限界があった。こうしたなか、アメリカとの民間交流の促進を目的に、アメリカ留学経験者を中心に一九〇〇年に設立されたのが、米友協会だった。金子はその初代会長に選ばれた。米友協会最初の事業が、神奈川県久里浜にペリー来航の記念碑をつくることだった。民間団体の事業とはいえ、明治天皇からも千円の下賜があった。一九〇一年七月一四日（ペリー久里浜上陸日）には、桂首相やペリーの孫にあたるロジャーズ少将らを迎え、盛大な除幕式が挙行された。金子は次のような式辞を述べた。

回顧すればペリー提督がはじめてこの地に上陸した時代は、わが日本帝国は三〇〇年間鎖国の雲霧におおわれ、厳に海外の往来を禁じられていたが、明治の維新とともに欧米各国の制度を採用し、百般の事業日に月にその歩みを進め、今や外においては世界の列強と対等の条約を結び、内においてはまた立憲の政治をしき、世界の文明国の列に加わるに至った。これ全く我が聖天子がつとに開国進取の国是をお定めになったことによるといえるが、また北米合衆国が万国に先立って啓誘した力があずかって大いなるものがある。

（米友協会『米友協会会史』九五―九六頁）

式辞の言葉とはいえ、ここには、アメリカの啓蒙により、鎖国していた日本が文明国への道を開くことになったという「神話」があり、これが繰り返されることで、アメリカとの友好的雰囲気を高めていくことになる。しかし、この「神話」は、アメリカに媚びているだけではない。つまり、鎖国時代の迷夢から覚め、文明化を成功させた明治政府の栄光と重なるペリーの記憶であった。また、ペリー来航の年に生まれた金子にとっても、自身の成功のきっかけをつくったアメリカへの想いとも重なるものだった。

お知らせすべきことがあります。私は昨日陛下より私が成した国家への貢献により男爵に叙せられました。これはすべてあなたのお蔭です。私が成した日本への貢献のすべては、ハーバード大学に入学する前から、そしてその後のあなたのご指導の結果です。

（「ホームズ宛書簡」一九〇〇年五月一〇日、James Kanda ed., The Kaneko Correspondence, 37-2）

金子にとって、よい思い出しかなかったアメリカであるが、極東の国際情勢は、日中・日露・日英それぞれの関係を微妙なものにしつつあった。日米関係も例外ではなかった。一九〇一年という時期に、あえて日米関係の始まりに目を向け、その友好を確認する記念碑を作らねばならなかったのも、日本の国際政治上の危うい立場と無関係だったわけではないのである。

韓国・満州をめぐる攻防

日清戦争に日本が勝利したことで、清が「眠れる獅子」ではないことがはっきりし、列強の中国蚕食が本格化した。下関条約にロシア・ドイツ・フランスの三国が干渉して、遼東半島の返還を日本に迫ったのも、清のために行ったのではなく、自国の中国進出に不利になると考えたからであった。事実、ロシアは旅順・大連を（一八九八年）、ドイツは膠州湾を（一八九七年）、フランスは広州湾を（一八九九年）租借し、中国進出の足がかりとした。

三国干渉を主導したロシアを日本は恨み、「臥薪嘗胆」して復讐を望み、日露戦争につながっていくというのが、教科書的な理解だが、事態は単純ではなかった。当時の日本がロシアと軍事的に対決するというのは無謀であり、元老の伊藤博文や井上馨《かおる》は、むしろロシアと交渉して協定を結ぶことを考えた。伊藤や井上にしてみれば、心血を注いでつくりあげた明治国家が壊滅するような対外政策はあり得ない選択だったのである。

中国では、あいつぐ列強の侵略に対し、排外的空気が高まっていた。排外主義団体の義和団の勢力が北京に及ぶにいたり、清政府も義和団を利用することに決し、列強に宣戦布告した。北清事変である。欧米・日本の在北京公館は義和団・清国兵に包囲された。この危機的状況に大軍を派兵したのが日本とロシアだった。北清事変の際の日本軍は国際法を遵守するよう厳命されており、模範的な軍事行動は欧米各国からも高く評価された。一方、ロシアは、満州を占領し、事変解決後もいすわった。

満州とは、現在の中国東北部で遼寧省・吉林省・黒竜江省・内モンゴル自治区東部よりなる現在の日本領土の三倍以上の広大な地域である。朝鮮半島進出により中国大陸に勢力拡大を目論んでいた日本にとって、満州をロシアに押さえられれば、朝鮮半島北部にふたをされるような形になり、勢力拡張だけではなく、安全保障上も重大な懸念となった。

一九〇一年五月、第四次内閣を投げ出した伊藤博文は、アメリカを経て、一一月にロシアに赴いた。日露協商締結をめざしてのことである。この時点での伊藤の方針は、満州をロシアに韓国を日本にという満韓交換論であった。すでに満州を占領し韓国でも優位な立場にあるロシアにとって、満韓交換はうまみの少ない議論であった。しかし、ロシアも政情が不安定で日本との開戦は望んでいなかった。ロシア側が態度を明確にしないなか、桂太郎内閣はイギリスと同盟を結び、ロシアとの対決に備える方針を固めていくことになった。

桂太郎は、一八四八年長州に生まれた軍人で、一八九八年から三年間陸軍大臣を務めた。第四次伊藤内閣が倒れた後、井上馨内閣が流産し、山県有朋系の官僚を中心に桂太郎内閣が誕生した。元老より一世代若い桂の率いる内閣は、山県の傀儡とみなされ「二流内閣」と揶揄された。ところが、桂は政治力があり、軍人離れした調整力も発揮して、日露戦争を指導する本格内閣に変貌していった。

桂首相が難題を処理しなければならない外相に任命したのが、金子がハーバード時代に同宿していた小村寿太郎だった。小村は帰国後司法省に入省し、外務省に移籍後も、親の遺した借金に追われ、注目されることもない雌伏の日々を過ごした。小村を見いだしたのが、陸奥宗光である。小村は外務次官・駐米公使・駐露公使など要職を歴任し、外相に抜擢された。小村が異能であったのは、元老筆頭格の伊藤博文の日露協商論に反対し、日英同盟によるロシアとの対立路線を選択したことである。

一九〇二年一月、日英同盟が締結された。同盟では、韓国における日本の優位が確認され、日本が第三国（ロシア）と開戦した場合、イギリスが中立を保つことが約された。イギリスの支援を得た日本は、ロシアとの交渉を継続したが、同盟後もロシアとの開戦を避けようとした。しかし、日本側の譲歩にもかかわらず、ロシアは回答を遅らせ、日本案を拒絶した。ここにいたって、ついに日本は開戦を決意した。一九〇四年二月四日の御前会議のことであった。

ところで、ここであらためて確認しておきたいのは、満州も韓国も、ロシア領でも日本領でもなかったことだ。日露両国は他国の領土をめぐってギリギリの交渉をしていたのである。帝国主義とは、自国の国勢拡大のため、自国以外の民族や領域を侵略し搾取する政策のことである。一九世紀末から二〇世紀初めは帝国主義が頂点に達した時代であった。帝国主義時代の外交は、文明国がアジア・アフリカの非文明国の植民地化をめぐって争い、それを調整するために秘密外交をおこなった点が特徴である。よって、帝国主義時代の外交では、侵略される側の国の民意が無視されるのはもちろん、自国の民意も軽視されがちで、貴族やジェントルマンの外交官が外交を独占するのが当然とされていた。つまり外交は、立憲主義の精神とは程遠いところにあったといえる。

しかし一方で、議会を開設して立憲主義の政治を行うことが文明国の証とされるなか、しだいに民意を無視した外交では立ちゆかなくなっていった。また、技術革新により、戦争が大規模化し多大の犠牲を生じるようになったことで、戦争には国民を総動員しなければならなくなった。総動員する以上、国民の意向を完全に無視しては、戦争に勝てないということである。

日本の難題は、帝国主義全盛の時期に世界に国を開き、帝国主義外交を学ぶことが最優先されたにもかかわらず、帝国主義外交を習熟した頃になって、外交のルールそのものが変わろうとしていたことであった。日露開戦にいたる外交では、帝国主義で問題はなかったが、第一次世界大戦に先駆ける総動員戦争となった日露戦争を遂行するためには、エリート間の秘密交渉だけでは十分ではなくなったのである。日露戦時外交は、新時代の「国民外交」でのぞまなければならなくなった。

二、覚悟の渡米

密命

一九〇四年二月四日の一八時頃、金子堅太郎に一本の電話があった。伊藤博文枢密院議長の呼び出しだった。時が時だけに金子はすぐに駆けつけた。伊藤は、黙ったままだった。「ご用は」と聞いても黙ったままで、「食事はすんだか」と尋ね、金子が「すみました」と言うと、「私はまだだから食事をしてから話そう」と、夕食にかかったが、ほとんど箸をつけなかった。食事を下げさせてポートワインを手にした伊藤がようやく話し始めた。伊藤は、だしぬけに「すぐにアメリカに行ってもらいたい」と言った。日露開戦が御前会議で決定したことをうけてのアメリカ行きの命だった。

金子への依頼は、セオドア・ルーズベルト大統領に日露間の仲介を頼み、アメリカ世論が日本に同情するよう誘導してほしいというものだった。金子は断った。米露関係は歴史的に緊密で、自分ごときにはどうしようもない。強いて言うならば、渡米するのは伊藤自身がよいのではないか。しかし、伊藤は天皇の側にいなければならないからアメリカには行けないといい、次のようにたたみかけた。

「君は成功不成功の懸念のために行かないのか」

「さようでございます」

「それならば言うが、今度の戦争については一人として成功すると思う者はいない。（中略）かく言う博文は鉄砲をかついでロシアの兵卒と戦う。かくまで自分は決心している。成功・不成功などということは眼中にないから、君も一つ成功・不成功を措いて問わず、ただ君があらん限りの力を尽して米国人が同情を寄せるようにやってくれ。」

（『日露戦争日米外交秘録』三四―三六頁）

ついに金子もこの重大な使命を引き受ける決心をした。その足で桂太郎首相を訪ねると、金子にすべてを任せ、いかなる官職でも与えるといわれたが、金子はあえて一貴族院議員という立場の方がよいと断った。

ところで、金子の渡米が決まるこの浪花節的くだりをどこまで信じればよいのか。原敬は「内幕は政府が一人にても政友会より人を殺ぐの魂胆ならん」（『原敬日記』二、一九〇四年二月二六日）と推測していた。桂内閣が日露開戦に傾いてからも伊藤博文は開戦に慎重な姿勢を崩さなかった。伊藤が政友会総裁を辞して枢密院議長に就任したのも、伊藤を祭り上げようとする桂の戦略だった。こうした前後の事情を考えれば、伊藤はともかく、内閣としては金子にどこまで期待していたのか疑問である。

いずれにしろ、日露戦争は、日本が乾坤一擲の戦争だった。当時、ロシアは世界最大の陸軍国で、海軍力もロシアが日本を圧倒していた。戦力同様日本政府が頭を抱えていたのが戦費の問題だった。当初予想でも、戦費は四億五千万円（当時の国家予算の二倍）が見込まれていた。開戦とともに、敗戦が予想される日本の国債は暴落し、最低でも一億円は必要な外資調達も困難になった。よって、戦費を調達するためにも、海外での日本の評価を高める必要があった。そのため、アメリカにハーバード大学出の金子を、イギリスにはケンブリッジ大学出の末松謙澄を派遣して、広報活動を展開させたのである。

金子に一任するとはいえ、金子の広報活動に対する政府の方針はどのようなものだったのか、金子に托された「心得書」の内容を見ておきたい。

一、日本政府はロシアとの妥協のために手を尽くしたが、ロシアの行動のため余儀なく開戦に至ったことをアメリカ人の脳中に徹底させること

二、黄禍論が欧米人の思想に伏在している。とくにロシアは黄禍論を鼓吹しつつあるため、黄禍論が再発しないよう予防すること。

三、日本が中国に厳正中立を勧告したのは、黄禍論の再発を恐れたためで、戦争の範囲を小さくし、一般の平和と貿易を撹乱しないように努めていることを明らかにすること。

四、日本が中国の教育に尽力していることを、日清が合力して欧米に立ち向かうためとの見方があるが、中国の文明化は東洋の平和のためであることを了解させること。

五、日本がアメリカとの関係強化を切望していることを徹底し、これに関する意見を報告すること。

六、委細は高平小五郎公使に伝えてある。
七、高平公使と表裏一致の行動を必要として、すべて高平公使と相談して処置されたい。
（外務省編纂『日本外交文書』日露戦争V、六七三―六七四頁）

心得書の内容は、当時の日本政府の懸念がよく表れている。黄禍論とは、中国人が労働者として世界中に散らばり、低賃金で働き白人の労働者の反発を買ったことから生まれた。黄色人種の生活習慣や食べ物・体臭などへの嫌悪感もからんだ人種差別的な議論だった。しかし、黄色人種である日本が文明化を進め、強国化していくにつれ、いつの日にか中国と日本が手を組み、黄色人種を未開人と馬鹿にしている白人に復讐することを恐れる議論に転じた。ロシアは白人のキリスト教国であり、欧米諸国に黄色人種で非キリスト教国の日本への嫌悪を喧伝されることを日本は懸念していたのである。

また、金子は、日本政府の使者という立場では行動しにくいと考え、アメリカの新聞買収のための資金提供も断ったが、実際は日本政府の使者であり、外務省の方針、つまり小村寿太郎に従って行動してほしいということだった。

皇后行啓

日露戦時の金子のアメリカ派遣に際して、金子が特筆し、回顧談等で何度も繰り返したエピソードがある。別段、大勢には関わりないことではあるが、この後の金子の言動を考える参考として紹介したい。

伊藤博文から密命を托された金子は、諸事を相談するため、妻子が避寒していた葉山の別荘に向かった。二月

手前側の岬のつけ根の屋根が御用邸。御用邸手前の林を挟んだ屋根が金子の別荘（葉山しおさい博物館提供）

一三日のことである。翌朝、別荘で目覚めた金子は庭の騒がしさに気づいた。昭憲皇后（明治天皇の皇后）が金子の別荘に行啓するための準備だという。金子は驚愕した。前日、葉山に向かう車中で香川敬三皇后宮大夫と会ったが何も言われなかった。フロックコートに着替えた金子は、昭憲皇后を迎えた。皇后は次のように述べたという。

昨夜香川より聴けば、金子は近々米国に渡航する由、その御用の趣は知らざれども、この度の日露の両国戦争となりたれば、金子が米国に行くことは必ず重大なる任務を奉じてのことならん。よって御国のために十分尽力するよう親しく金子に依頼せんがため、今朝早々来りたる次第なり。

金子は恐懼して「尽力致します」と応えた。昭憲皇后は、手ずから紅白の菓子を下賜してくれた。この菓子には後日談があった。菓子を東京の本宅に送ったところ、執事が宿泊していた二〇人ほどの兵士に切り分けて与えた。この二〇人が菓子を背嚢に入れて出征したところ、戦死もせず病気にもかからず無事凱旋したというおとぎ話のような落ちがつく。

　ここで、この話の真偽を問うつもりはない。金子の別荘は御用邸に隣接しており、皇后が立ち寄りやすい場所であったこともあり、行啓は事実である。また、金子に励ましの言葉をかけたのも本当だろう。しかし、金子はこのエピソードを、後に絵巻物に仕立てたうえ、自身が編纂の責任者となった『明治天皇紀』にもわざわざ「附載」として収録させるなど、異常ともいえるほどこだわった。（田渕正和「金子堅太郎の関防印」）以下、この意味を考えたい。

『日米外交秘録』も『明治天皇紀』の記述も後年の記述であるが、まずはささいなことから指摘すれば、菓子を下賜されたのは、金子の別荘だったのか、疑問である。『昭憲皇太后実録』（明治神宮監修）によれば、皇后から金子や家族にいろいろ下賜があったのは、金子が皇后還御の後に御礼のため直後に御用邸に参上したときのようである。この件に限らず、金子の記憶が不正確であることには気をつけねばならない。

　それよりも、重要なのは、明治天皇は日露開戦には消極的で、昭憲皇后も、二月一〇日に帰国したロシア大使ローゼン男爵を手厚く遇していることである。（麻田『日露近代史』）天皇・皇后ともに、開戦と決まった以上、任務に尽力する臣下を励ますしかなかったとはいえ、戦争に協力的で戦勝に導く天皇・皇后像というのは、当時の時点ではどこまで「真実」だったのか。

　また、皇后の菓子のかけらを持った兵士が無傷で凱旋したという話は、皇室を神格化したい金子の意図を反映したものであろう。天皇が「神」であるという物語は、明治期になって創造されたものである。江戸時代は徳川将軍こそが「神君家康」の後継者として尊崇されており、天皇は忘れられた存在だった。維新後、近代国家日本の王として、天皇を神格化していく過程の一端が、皇后行啓のエピソードからうかがえるのである。

さらにいえば、天皇・皇后が、時には平和を願う存在として、時には戦勝を実現する存在として、都合よく描き分けられる存在になりつつあったことも重要である。臣下の期待に沿う理想の皇室像を作りあげ、皇室への敬仰を特筆することは、天皇から高位に任じられている金子など臣下の価値を高めることにつながるのである。完璧な神のような存在から力量を認められたという理屈だ。この点こそ、金子が皇后行啓のエピソードをことさらに強調した真意であったのではないか。

日清戦争で、国民意識の形成が進んだことは、これまでも指摘されてきた。外敵の存在が国内の結束を高める典型例である。日露戦争は、日清戦争以上に危機的な状況であり、国民の一体感を高める必要性は一層高かったといえる。しかし一方で、立憲政治が始まり、元老筆頭である伊藤博文すら政党結成に力を尽くす時代となっていた。戦争遂行のためには、兵士として、また銃後として多大な犠牲をはらう国民の意向を無視することはできない。総力戦は、対外政策にも国民の参加を必要とする「国民外交」を要請したのである。

「国民外交」とは、国民が外国との友好親善に参画するといった民間交流の意味もあるが、戦前期は、民主化を外交にも及ぼし、国民にも外交政策の責任を担わせて外交に国民を総動員するという意味でも用いられた。第五章で論じたパブリック・ディプロマシーも、「国民外交」の時代には不可欠なものであった。金子が、政府の要職を帯びるのを断り一貴族院議員という立場で渡米したのも、民主化の進むアメリカでの「国民外交」には、日本政府の代理人と思われてはかえって不利だと考えたからにほかならない。日本国民を総動員してロシアと戦う日本政府と連携しつつ、表面的にはただの一日本国民として、いかにアメリカの世論を転換させるのか。次章では、金子のアメリカでの演説に注目して考えていきたい。

第八章　国民外交の時代

朝日新聞社提供

一、広報戦略

皇国の存亡をかけて

本章では、日露戦時の金子堅太郎のアメリカでの広報活動を、主にその演説の内容にしぼって検討したい。金子の広報外交については、松村正義の詳細をきわめた研究があり（『日露戦争と金子堅太郎』）、本章も松村の著書によるところが多い。本書が金子の演説に注目するのは、近代日本の西洋文明受容を、日本国内向けにではなく外国で語っているからである。前章で指摘したように、日露戦時の金子の使命は、偏見に基づく黄禍論をただし、日本が禍をもたらす黄色人種の国ではなく、西洋文明を受容した文明国であることをアメリカ人にわからせることであった。よって、その演説は、日本が西洋文明に適応していることを強調した内容になったはずで、金子の西洋文明観・近代日本像をうかがうに適していると考えられる。

一九〇四年二月二四日、アメリカ船サイベリア号に乗り、金子は横浜を出立した。セントルイス万国博の視察を名目とした。随員は阪井徳太郎と鈴木純一郎の二人だけであった。阪井徳太郎は、ハーバード大学出身で、英語に堪能だった。鈴木純一郎は、農商務省の嘱託時代に金子と知り合い、金子の著作の編集などをする秘書的人物だった。サイベリア号には高橋是清日本銀行副総裁も同乗していた。高橋は、外債募集のためにアメリカを経て渡英するために乗船していた。高橋は、後に大蔵大臣となり、原敬暗殺後には政友会の総裁となり首相にのぼりつめた。

船中、金子は次のような漢詩を詠んだ（一一一頁写真）。

翼賛宏猷在此秋　奮然遥向旧遊洲
五千海里風雲暗　皇国存亡一葉船
（宏猷を翼賛するは此の秋にあり　奮って遥かに向かう旧遊の洲　五千海里風雲暗し　皇国の存亡は一葉の船）

漢詩独特の大げさな表現ではなく、渡米する金子や高橋の心境は、日本の存亡を担っているというものだったにちがいない。アメリカに到着した金子は、三月一二日、サンフランシスコで次のような第一声を放った。

世間は往々にしてこの戦争を、黄色人種が白人を侵犯するものとし、異教国民のキリスト教国民に対する挑戦だとするものがある。私に言わせれば、この戦争は文明と野蛮の戦争である。自衛主義と侵略主義との戦争である。人道と悖理《はいり》、憲政と武断との戦争である。この戦争で、もし日本が敗れれば、東洋はスラブ人種の蚕食するところとなるだろう。日本が勝てば、極東の諸国は長くアングロサクソン民族の文明に浴することができるだろう。
（「日露戦役米国滞留記」第一篇、以下「滞留記」一の如く略す）

黄色人種で非キリスト教国の日本が野蛮なのではなく、ロシアが野蛮なのだ。西洋文明を学んだ日本の勝利こそが、西洋文明の進展につながる。この論旨は、金子がアメリカで繰り返すものとなる。金子は、シカゴを経てニューヨークで慎重に情勢を探った。ロシアはすでにさかんに日本攻撃の宣伝工作を行っており、アメリカ世論の動向が気にかかったが、意外にもアメリカは日本に好意的な雰囲気だった。金子は、アメリカ人が弱い方に同情を寄せる「アンダー・ドッグ」の心情、つまり判官びいきの心情があるからだと感じた。しかし、このことは、アメリカ人が日本の敗北を予想していることを示してもいた。

また、アメリカ到着直前に、セオドア・ルーズベルト大統領が、日露戦争に対する局外中立の大統領令をだしたことは、金子を失望させた。ルーズベルトの対応に不安を抱いたまま、金子は、三月二六日に高平公使を通じて大統領に面会を申し込んだ。金子がホワイト・ハウスに着くと、ルーズベルトは走り寄って「君はなぜ早く来なかったか。僕は君をとうから待っていた」と歓迎してくれた。局外中立の大統領令は、アメリカ軍人の日本びいきの言動を苦々しく思ったロシア大使の懇請により出したのだと事情を説明し、「ロシアの有様、日本の有様をよく承知しているが、今度の戦さは日本が勝つ」といい、「今度の戦さは日本に勝たせなければならぬ。そこで吾輩は影になり、日向になり、日本のために働く」とまでルーズベルトは明言した（会話は『日露戦争日米外交秘録』）。

金子は、大統領の好意的な態度に安堵したが、ルーズベルトはハーバード大学の人脈が金子の支援となることに期待すべきだとも忠告してくれた。この点は、金子も感づいており、すでにハーバード大学卒業者の好意的対応に接していた。

ヘイ国務長官は、一八八九年の金子の議院制度取調出張中にワシントンで一新聞記者として会ったことがあると、友好的な対応を示した。後に大統領となるタフト陸軍長官とも旧知だったが、ムーディ海軍長官は、ハーバード大学の同窓生だとわかり打ち解けることができた。

ワシントンで政権中枢部が日本を支持していることがわかったが、活動の本拠をどこにするかが問題だった。大統領との関係は大事だったが、外交官のいるワシントンでは金子の動向は逐一知られてしまうため、金子はニューヨークを根拠地として広報外交を展開することに決めた。活動方針は、新聞紙の買収などせず、記者との親交を深めることで支援を得ること、各種団体で演説をし、論説を発表すること、社交界に中枢に入ってアメリカ上流層の同情を集めることとした（「滞留記」一）。

マカロフ提督の追悼

一九〇四年四月一二日、名指揮官だったロシア旅順艦隊司令官マカロフ提督が戦死した。乗艦が日本の敷設した水雷に触れたためであった。四月一四日、ニューヨークのユニバシティ・クラブで金子を主賓とするパーティーが開催された。席上の演説の最後に金子は次のように述べた。

> 敵ながらも吾輩はこのマカロフが死んだのはロシアのためには非常に不幸であると思う。又マカロフ大将（正しくは中将：筆者注）も国外に出て祖国のために今やまさに戦わんとするときに臨んで命を落としたことは残念であろうが、この戦役に於て一番に戦死したことは露国の海軍歴史の上に永世不滅の名誉を輝かしたことであろうと思う。私はここに追悼の意を表してもって大将の霊を慰める。
>
> （『日露戦争日米外交秘録』九二―九三頁）

「敵に塩を送る」かのような言動は感動をよびやすいものだが、案の定、この演説は報道され、日本人は高尚な精神を持っているとして評判になった。

四月二八日には、ハーバード大学で「極東の現状」と題する二時間以上にわたる大演説を行った（「滞留記」二）。前半では、日露開戦に日本が国際法違反をしていない論拠を述べた。ここで予定時間が終わったが、聴衆の要請により、演説は続けられた。

ロシアはキリスト教国で日本は偶像崇拝国で、キリスト教国の人民はロシアを援助して日本を粉砕しなければならないというような議論に私は賛成できない。日本がロシアと交戦するのは、宗教のためではない。日本はアジアのためと日本存立のために戦うのである。（中略）日本帝国憲法は、宗教の自由を臣民に保障しているので、日本では人民が信教の自由を享受するのは欧米諸国と異ならない。

金子の懸念は、非キリスト教国であることで日本が非難されることだった。金子は、日本人がキリスト教徒ではなくとも人道面ではアメリカ人と異ならないと切々と訴えた。

世間の理性に富んで偏見に流されない人は、よく事実をみて是非を判断して感情に訴えて東洋国民を排斥しないことを私は望む。東洋国民はいわゆる異教徒だが、その心底は人道に尽くそうと望んでおり、是非曲直を判断する点では、何ら合衆国人と基準を異にしようか。

人道精神が同じだとしても、それでも障害があった。人種の問題である。

西洋人の今回の戦争への視点になお当を失するものがある。それは黄禍論である。（中略）日本が東洋で有利な地位を占めればアジアを統一して力を合わせて欧米に危害を加えるというのだ。よって、日本の開戦に正当な理由があっても、欧米諸国は日本に同情を寄せて援助すべきでない。ロシアを助けて日本国を撃破して再び立ち上がれないようにすべきだという。これは事実に基づかない残酷な偽りの言である。

日本が西洋文明を受容して強大になれば脅威だとして排斥するというのは、日本にとって理不尽な議論であった。しかし、白人をひとまとめにするのは、アメリカでの演説である以上不都合だった。よって、「日本の戦争目的は、英米的文化を東洋に扶植するためだ」と、いささか無理な議論を展開した。なぜなら、当時のアジアにとって最大の「白禍」はイギリス帝国だったからである。しかし、それを指摘するわけにはいかなかった。

日本が西洋文明を受容してその風俗習慣を改めて西洋文明に同化してきた。その結果、いまや東洋に同様の利益をもたらそうと西洋文明の普及に尽力している。（中略）アメリカが満州で採る政策は我が国と軌を一にしていることに我が国は満足している。日本国は英米文明の先駆者となってそれを東洋に行き渡らせようと希望しているだけなのである。

日露戦争の目的は、満州に居座るロシアを排除し、日本の韓国支配を認めさせる点にあったことは前章でみた通りである。満州をロシアが独占的に支配することには、イギリスもアメリカも反対だった。金子の回想によれば、へイ国務長官も、アメリカも中国の門戸開放・機会均等を主張しており、満州の門戸開放・機会均等を日本が求めて戦うならば、「アメリカの政策を維持するがための戦いであるといってもよいから、今度の戦争はアメリカ人が日本にお礼を言わなければならぬ」（『日露戦争日米外交秘録』六八頁）とのリップ・サービスを金子に述べており、金子も議論の焦点をそこに持っていこうとしていたようである。日本が英米文明に同化したアジアにおける英米の代理国だというのは、アメリカ人の歓心を得るための表現だったが、そうであるならば日本は英米両国の国益のためにアジアで勢力拡張をしなければならず、それは現実にはあり得ないことであった。広報外交とはいえ、こうした金子のその場限りの論理は早晩破綻することになり、それが日米関係に深刻な影響を及ぼすようになる。

金子の戦略

ここであらためて、金子の広報外交の戦略を整理しておきたい。

金子は、アメリカが民主主義の国であることをよく理解していた。よって、日本政府を後ろ盾にして活動すると反発を買う恐れがあると考えたようである。そこで、政府の官職を帯びず、資金提供も断って、一貴族院議員であるとの立場を強調した。アメリカでは、ルーズベルト大統領との関係を強調せず、社交界での交流を主とし、「国民外交」を展開することで、日本への好意を引き出す戦略をとった。

将来（広報外交）を計画運動すべき方面は、アメリカ政府ではなく、むしろアメリカ人民総体にある。よって、私は政治の中枢地を捨てて、民心向背の焦点・輿論発作の枢地を選んで、ワシントンを去ってニューヨークに行くのが得策だと考えた。

（「滞留記」一）

社交界に出入りするのに役立ったのが、ハーバード大学時代以来の知古、つまりホームズ判事やグレイ教授だった。輿論形成のために、こうした知識人に理解してもらいたいことは、次の点であった。

日本人が黄色人種でキリスト教徒でもないことは、いかんともしがたい。肌の色は変えられないし、多数の日本人を改宗させるわけにもいかないからである。よって、明治維新以降、日本が西洋文明を学んで「正しい」方向で進歩しており、その結果、非白人の異教徒であっても、価値観や制度で西洋諸国と同様の地平に立っていることを理解してもらう必要があったのである。

西洋文明を基準として、文明と野蛮に二分する「文明国標準」の発想は、欧米社会に深く根付いていた。ロシアは、日本が野蛮の側にあることを強調して、野蛮な有色人種が結束して文明国を侵そうとしているとの黄禍論を喧伝した。金子は、これを逆手にとったのである。人種と宗教は変えようがないので、価値観や制度の点で、ロシアより日本の方が文明に近いとした。ロシアの軍事行動の不法性や残虐性を示し軍国主義対人道主義の構図に、日本の憲法制定を示し立憲主義対皇帝独裁の構図に置きかえることで、ロシアこそが野蛮の側にあるとの議論を展開した。

いまひとつ金子が強調したのが、日本の勝利がアメリカの経済的利益になることだった。先にみたように、金子は農商務次官時代から太平洋をはさんだ日米経済関係の緊密化を重視していた。もし、ロシアが満州を支配すれば、アメリカの中国進出の足かせとなる。それを妨げるための戦いが日露戦争だという論法だった。

もしアメリカが太平洋の支配者になるならば、読者諸賢は、私が自国の将来をどう見ているのかお尋ねになりたいだろう。私の答えは次のことに尽きるのである。日本は貿易の偉大なるセールスマンそして仲介者になるに違いない。（中略）太平洋貿易の正当な分け前にあずかるべきアメリカは、日本の支援なしにその利益を手にすることはできないのである。

（Why the United States will secure the commercial supremacy of the world, *New York Times*, Apr. 3. 1904.『著作集』四）

文明論的観点にくわえ、経済的利害を説くことで、金子は自分の主張に奥行きを与えたのである。しかし、それでもまだ不十分だった。日本が、文明国だといくら力説しようとも、経済のパートナーだと例証しようとも、アメリカ人が日本に自然と好意をもってくれなければ、金子の理論は通用しないのである。つまり、日本のソフト・パワーを探す必要があった。ソフト・パワーとは、アメリカの国際政治学者ジョゼフ・ナイが提唱した概念で、他国の人びとをひきつける文化的・価値観的な力のことで、軍事力や経済力を用いずに、共通の価値観があると信じさせて、自国の利益になるように他国を導く力のことである（ナイ『ソフト・パワー』）。例えば、アメリカのハリウッド映画は世界中の人びとを魅了し、アメリカ的価値観をうえつけることに貢献しており、無理強いせずとも世界の人にアメリカへのあこがれを抱かせることに成功している。現在の日本であれば、アニメやゲームがソフト・パワーとして力を発揮しているが、日露戦争の頃の日本は、極東の未開国の地位を抜け出したばかりであり、日本文化は異国趣味として欧米人の一部で評価されていたに過ぎなかった。そこで金子が、日本のソフト・パワーとしてもちだしたのが、武士道と教育勅語であった。武士道と教育勅語に、アメリカ人を自然と日本好きにさせる力があったのだろうか。次項では、ルーズベルト大統領に注目して、この点を考えてみたい。

二、黄禍論

ルーズベルトと武士道

セオドア・ルーズベルトは、一八五八年生まれで、政府の要職を歴任して、一九〇〇年九月、マッキンリー大統領の暗殺に伴い、副大統領から大統領（共和党）に就任した。ちなみに、太平洋戦争時のアメリカ大統領フランクリン・ルーズベルトは親族である。ルーズベルトはいわゆる棍棒外交により、強力な中南米外交を展開し、パナマ運河を着工するなど、帝国主義時代の典型的リーダーだった。ハーバード大学時代に金子と面識はなかったが、後に知り合い、同窓生として金子を遇した。

一九〇四年六月七日、金子堅太郎はルーズベルト大統領から午餐に招かれた。その席上、金子は「よく武士道とか武士とかいうことを言うが一体どういうことを武士道というのか、何か書いた本はないか」と聞かれ、新渡戸稲造が英語で書いた『武士道』を大統領に紹介した。金子によると、ルーズベルトは『武士道』に感銘を受け、竹下勇駐米武官に教わって柔道も始め、「日本にすっかり感化された」そうである。

『武士道』は、一九〇〇年に、日本文化の紹介を目的として出版された。新渡戸は武士道を次のように説明した。

私が、乱暴に「シヴァルリー chivalry」と訳した日本の言葉は、実は「騎士の倫理 horsemanship」というよりも深い意味がある。「武士道」は、語句の意味で言えば、戦う騎士の道、――すなわち戦士がその職業や日常生活において守るべき道を意味する。ひと言で言えば、「戦士の掟」、つまり戦士階級における「ノブレス・オブリージュ nobles oblige

［高貴な身分に伴う義務］」のことである。

（新渡戸稲造（山本博文訳）『現代語訳武士道』）

新渡戸の説く武士道は歴史的実態とは必ずしも一致しない。新渡戸は、武士道を西洋の騎士道との類似性を強調した。つまり西洋人の論理や倫理観に合うように武士道を描いたのである。皮肉な言い方をすれば、西洋人の感性を刺激するように書いてあるわけだから、ルーズベルトが感動したのも当然だったといえる。では、西洋人に理解できるように武士道を説いた意味は何だったのか、すこし脱線するが考えてみたい。

日本が近代化する際に問題となったのが、日本の歴史や文化が西洋と全く異質なものであるならば、日本に西洋文明は根付かないとの指摘であった。つまり、西洋文明を取り入れてもしょせん「猿まね」であり、本質的なところでは西洋文明を受容できないということである。その上、日本に文明化を強いた西洋諸国が、文明化に成功しかけると、いろいろと非をあげつらいだしたのである。黄禍論もその反応の一つであった。日本の知識人は、こうした欧米諸国の態度にするどく反応した。

欧米の対応に反論するためには、日本の歴史が西洋と同じ道を歩んできたこと、日本文化が深い精神性を有していることを強調する必要があった。たとえば、日本の歴史に西洋史の時代区分を当てはめ理解し、鎌倉時代以後は「封建社会」になったとするような歴史観は、この文脈にあるといってよい。

明治末から大正期にかけて京都帝国大学の西洋史の教授であった原勝郎は、代表作『東山時代に於ける一縉紳《しんしん》の生活』で東山時代をルネサンスに比することができると主張した。つまり、原は、中世からルネサンスを経て戦国時代にブルジョアが勃興し、フランス革命のような明治維新を迎えるという日本史像を示すことで、日本も西洋と

「共通の進歩」が可能であることを証明しようとしたのである（酒井一臣『帝国日本の外交と民主主義』第二部第二章）。

一方、ボストン美術館で働く岡倉天心が『茶の本』（一九〇六年）で強調した点が、日本文化の精神性であった。つまり、日本文化は未開国の幼稚なものではなく、深淵で慎みをもったものであることを訴えたのである。天心は、「アジアは一つ」という書き出しで有名な『東洋の理想』（一九〇四年）で「黄禍」を口にする西洋人こそが、アジアの「白禍」になっていると指摘した。

また、近代化に成功しつつある日本への警戒心をあらわにする西洋人を森鴎外は次のように詠んだ。

勝たば黄禍　負けば野蛮　白人ばらの　えせ批判　褒むとも誰か　よろこばん　謗るを　誰か　うれふべき

（森鴎外「黄禍」一九〇四年）

つまり、『武士道』の置かれた文脈は、「黄禍論」の激化予防のため派遣された金子の目的と一致するものであった。武士は、近代化に無縁な野蛮な戦士ではなく、ノブレス・オブリージュをもった精神的な存在だった。その武士（金子も武士だった！）の末裔が指導する日本の近代化が皮相なものであるはずはない。こういった主張が裏に潜む武士道の紹介だったのではないか。

武士道は、日本のソフト・パワーというより、不条理な日本批判に対するカウンター・パワーとして有益だった。

黄禍論はチャンス？

金子の広報活動の目的は黄禍論の沈静化にあったが、「黄禍は日本の黄金時期なり」と意外な題名の論文を金子は執筆公表した（「滞留記」三）。この論文は、金子の黄禍論に対する考え方と、金子の国際政治観を知ることができるものであるため、詳しく紹介したい。

この論文で、金子は、かつて国際公法学会で耳にした次のような公法学者の言葉を紹介した。

貴国の法典は欧州のものと合致しているが、欧州列国が貴国に対し治外法権を撤廃することを躊躇するだろう。これら諸国が治外法権撤廃を承諾しないのは、心中恐れるところがあるからだ。つまり日本に十分に独立の権能を与えれば、日本は東洋で強国になるだろう。彼らが密かに思うのは、そうなればアジアにおける欧州列国の利益が日本によって毀損され威嚇されるだろうということだ。だから、日本の制限をくわえて、なるべく長く制限から脱せられないようにしておくのが、得策としているのだ。

未開で勢力が弱いから不平等に扱うのではなく、文明化して強力になっては困るから不平等に扱うということで、不平等から脱するために文明化に努めている日本を「絶望せしめん」論理であった。日清戦争に勝利し、西洋諸国は日本を文明国と認め、日本も欧米諸国と親睦を深めてきた。ところが、「我国が今回の戦争で欧州最強陸軍国と抗争する力を持っていることが明白になる」と「黄禍の叫びが再び聞こえる」ようになった。

そもそも黄禍とは、日本が戦勝すれば、アジアはアジア人のものだとする声が高まり、欧米人が駆逐されるというものだが、アジアはアジア人のものだというのは、自然なことではないか。「合衆国の発展において至大の影響を与えたモンロー主義は、アメリカはアメリカ人のものだとの主義ではないか」。白人はアジアを植民地支配しているが、「黄禍は白人の目に映る妄想であって、白禍は東洋に現存する事実なのだ」。しかし、そうだとしても日本がアジアから欧米人を駆逐することはない。なぜならば、日本は西洋文明の恩恵をこうむり、それをアジアに誘致しようとしているからである。

我が日本の国是国志は、このように東西両半球の文明を結合同化してこれをアジアの大陸に傾注し、世界の公益のため、清国が胚胎する富源を開発してこれを各国に差別なく公にして、それによって東洋の平和を保障して万民が安心して暮らし希望通りに生きさせることにあるのだ。

ここまで述べて、金子は論文を「黄禍の叫びは、欧米各国にとっては日本の実力と願望を知る好機である。日本にとっては、世界に向かって日本の願望が公明正大でいささかも私欲がないことを表明する好機なのだ」と結んだ。金子は、日本を対等に扱わない理由を日本の文明化がたりないことだとしつつ、日本が文明化すれば脅威としてやはり差別するという欧米人の矛盾した論理を鋭く指摘した。アジアはアジア人のものであり、植民地支配をしている欧米人こそ白禍だと厳しく批判した。これだけならば、かえってアメリカ世論の反発を買うだけになるかもしれない。そこで、金子は議論を転調する。日本は西洋文明の恩恵をよく知っているため、アジアから欧米人を排除することなどあり得ないと。アメリカで西洋文明を学んだことが立身のきっかけとなった金子が言うのだから説得力があった。そして、日本がアジアで強勢となれば、中国の門戸開放・機会均等をなしうるのだと、経済的利益もほのめかした。
金子の論文は黄禍論への反論としてよくできたものだった。ただし、日本を宣伝するためなのだからそう書かざるをえなかったとはいえ、日本の大陸進出が私欲のないものだとの断定は非現実的だった。日露戦争直後から、アメリカは満州における日本の権益に疑いの目を向け、強く警戒するようになる。

三、カーネギー・ホールでの大演説

晴れ舞台

大方の予想に反し、戦局は日本の優勢のうちに進んだ。日本軍は、一九〇五年年頭には旅順を陥落させ、二月から三月にかけての奉天会戦でも日本が優位にたった。ルーズルト大統領が日露間の和平の斡旋に動き出したもこの頃であった。日本軍が強いのはなぜか、金子は軍人に尋ねられることも多かった。こうしたなか、一九〇五年四月二日、金子はカーネギー・ホールで講演を行った。六千人もの聴衆を前にしての大演説だったが、戦況がよいこともあって、金子は次のように演説の効果を報告した。

私が思うに戦時において外国人の同情を得ようと望めばまずは戦に勝つことに努めるべきである。もし敗北したときは、理屈も人道も決して外国人の耳に入っていかない。なぜなら、西洋の人情は目下いまだ禽獣的な実力に支配されているからである。よって、戦時外交の秘訣は全く戦勝にあることを確信した。

（「滞留記」五）

日本は英米文明の先駆けになると演説した金子が、日本への報告では、禽獣的な実力に支配される西洋人と述べているあたりに金子の本音が見え隠れする。さて、金子は演説を次のようにはじめた（以下演説は「滞留記」五）。

日本人は最初この戦争を始めますときは単に露国人と陸上及び海面において交戦するのみならず又あわせて彼等の口をかりて伝説する人種及び宗教に対する感情問題に対しても予め備えなければなりませんでした（中略）そこで日本は開戦の当初よりその終局に至るまで始終文明国民として行動するの決心を持ちかの露人がいうがごとく日本は東洋半開国にして泰西文明に抗して戦争するものにあらざることを世界に表明せんと努めました。

日本が文明国標準に適応した文明国であると強調するのは、これまでの演説同様であったが、続く演説の内容はこれまでとは異なった。

元来日本文明の原則は正理を遵法するにあり然るに泰西文明の精神はもっぱら勢力を占有するにありますゆえに世界における生存競争の舞台において正理は、勢力に、道徳上の見識は、物質上の腕力に圧倒されました。（中略）その近き例を挙ぐれば英国が支那に向かってなしたるアヘン戦争のごときまた明治二七・八年の日清戦争において露独仏三国の干渉による遼東還付のごときその証拠であります。

日本は王道だが西洋は覇道であるといわんばかりの口吻であり、露仏独ばかりかイギリスまで批判の対象にした。戦況がよかったとはいえ、「機会主義者」金子らしい変節であった。日本の文明化もこれまでとはちがう文脈で語った。

元来日本人は数千年前より儒教仏教の教訓に依り脳髄の訓練は十分にありましたゆえに無形的（サブジェクチブ）の智識はありましたけれども欧米人にもっとも発達した有形的（オブジェクチブ）の力量が足りませんでした。よって日本国は開国以来もっぱら西洋の実力に比敵するように尽瘁しまず殖産興業をすすめさかんに陸海軍を拡張し人民に自治の権利を与えまた帝国議会を開設して人民に参政の権を付与しすすんで信教の自由をも憲法をもって保障しました（中略）日本人が世界各国から紳士的国民と認めらるる国風を養成せんと努めておることは今日日本における文明の実況が証拠物であろうと思います。

これまで、散々今日の日本があるのは西洋文明のお蔭だといっておきながら、元々日本人は形而上の高等なことは理解できたが、実際的な物質力を得るために西洋文明を学んだのだというのである。ここにいたって、金子の論理は幕末の「東洋道徳・西洋芸術」の負け惜しみのような議論の次元に戻ってしまうのである。

金子が「日本文明の基礎」として持ち出したのが、教育勅語と軍人読法であった。金子は、この二つの英訳を多くのアメリカ人がもらいにきて、米陸海軍の学校の教官が教材にするといったとのことである。この点に関しては、次項で触れたい。強気の金子は次のように演説を結んだ。

日露戦争が世界に及ぼす影響いかんと観察いたしますれば将来においては東洋の徳性と西洋の学術とは互いに衝突せざるのみならず相共に混和してさらに一種の新文明を産み出し全世界の人民をしてその恩沢に浴せしむるでありましょう。

それにしても、当初の下手に出ていた演説を考えれば手のひらを返したような内容である。戦勝がみえてきた時点で、むしろ日本の意気軒昂たる立場を示しておこうという作戦だったのかも知れないが。

アジア・モンロー主義

金子の強気を後押しする戦捷が届いた。日本海海戦で日本海軍はロシアのバルチック艦隊を完膚なきままに打ちのめしたのである。ルーズベルト大統領からも「Banzai !」と書いた書簡が届いた。一九〇五年七月七日、オイスター・ベイの私邸にルーズベルトは金子を招待した。そこで、ルーズベルトから衝撃の発言を金子は聞いた。

将来日本の政策はアジアに対してモンロー主義を採用せんことを望む。これを採用せば日本は将来における欧州のアジア侵略を制止することを得ると同時に自ら盟主となりてアジア諸国全体を基礎として新興国の設立を成就することを得べし

（「米国大統領「ルーズヴエルト」氏会見始末」四三八頁）

モンロー主義とは、一八二三年に当時の大統領モンローが南北アメリカ大陸にヨーロッパの介入を拒否し、アメリカもヨーロッパのことに干渉しないと教書で述べたことに由来する。以来、モンロー主義はアメリカ外交の基本

方針となった。ルーズベルトは、日本もアジアにおいて日本が中心となってヨーロッパ諸国の干渉を拒絶する方針をとることを望むと言ったのである。

金子は、ルーズベルトの発言を「途方もない重大なこと」と受け止めた。事実、金子はこの後、日本のアジア侵略を「ルーズベルト大統領が認めた」という文脈で語り続けることになった。

ルーズベルトの真意はどこにあったのか。ルーズベルトは「朝鮮半島で日本が戦後に勢力をのばせば、移民の移出先をつくることになり、カリフォルニアが反対する黄色い奴らの流入を弱めることになる」と同時期に語っていた（Morris, Theodore Rex, p.400）。つまり、反発の声が挙がっていた日本人移民の流入を止めるために、日本がアジアで勢力を拡張してくれればよいというのが本音だった。

このルーズベルトの発言に興奮した辺りに、金子の「外交官」としての限界があった。戦勝に喜ぶ金子に、ルーズベルトは旧友としてリップ・サービスをしたに過ぎない。それをルーズベルトの真意だと信用するのは、外交的にはあまりに幼稚であった。実際、ルーズベルトは日露戦後、にわかに対日警戒感をあらわにし、対アジア政策を変更していった。

先に紹介した教育勅語の話も同様であろう。史料的に証明できないが、アメリカ人が教育勅語に心底共鳴したとは考えにくい。半開国と思っていた日本が健気にも奮闘してロシアに打ち勝ちつつある。その日本の使者が、誇らしげに日本の強さの秘訣は教育勅語なのだと語っている。ここはひとつ褒めておいてやろうというのが、真相ではなかったかと、容易に想像できるのである。教育勅語は、ソフト・パワーではなく、半開国の成功を物語る文書としてエキゾシズムの対象になったと考えるべきであろう。

問題は、アメリカ側の真意ではない。それを見抜けず無邪気に喜んでいる金子の外交感覚である。第六章でも指摘したが、金子の官僚として事務能力は卓越したものがあった。しかし、政治的行動という面では、単純すぎる面があり、アメリカでの広報外交でもそれは現れた。よりうがった見方をすれば、金子は、リップ・サービスとわかりつつ、自分の業績を高く見せるため、アジア・モンロー主義や教育勅語のエピソードを語ったのかもしれない。

また、金子がアメリカ各地で行った講演は、金子の報告を信じれば、いずれもアメリカ人に好印象を与えたようである。この点のみをみれば、金子は、パブリック・ディプロマシーとしての国民外交に成功したといえる。ただし、金子が講演した相手はほとんどが上流層の人びとであり、庶民レベルでの対日観がどのようなものであるのかについてほとんど関心を示さなかった。日本人移民排斥は、すでに日露戦争中から再燃していた。次章で述べるように、この問題が日米関係を決定的に悪化させることになるが、金子は、アメリカのエリートが日本のエリートに接する態度をもって、アメリカ社会の日本認識だと信じて疑わなかった。たしかに、一九世紀には、政治外交は貴族や上流層の人びとが独占するのが当然とされていた。しかし、時代は、政治外交の大衆化・民主化が急速に進む二〇世紀に突入していた。金子はこうした大勢をつかもうという感覚が希薄だったように思われるのである。

金子の外交感覚や意図は別にして、アメリカでの金子の活動は、超人的であった。いかに英語が得意だったとはいえ、連日のように演説をし、新聞などに論文を掲載するには、かなりの準備がいったであろう。それに平行して、膨大な報告書を日本に送りつつも金子は寝込むこともなかった。くわえて、日露講和交渉の側面支援を依頼され、小村寿太郎全権のバックアップも完璧にこなした。農商務大臣・法務大臣歴任後、閑職に甘んじていた金子にとって、アメリカで華々しい成果を挙げることは、さらなる出世を予感させるものであったに違いない。

帰国後、金子は枢密顧問に任じられ、一九〇七年には子爵に陞叙《しょうじょ》された。

アメリカから帰国すると、陛下は私を伊藤侯爵とともに枢密顧問に任じて下さいました（伊藤博文は枢密院議長を辞しており、金子と同時に枢密顧問に任命された：筆者注）。それゆえ、私は貴族院議員を辞しました。わたしの現在の公的職務は、陛下に国家の重要政務について個人的に諮問にあずかることにあります。（中略）先生がご懸念のような枢要の地位にないわけではありません。

（「グレイ教授への手紙」一九〇七年一月一〇日、James Kanda ed., The Kaneko Correspondence, 37-2）

ところが、金子を待っていたのは、活躍の場を与えられない長い長い「晩年」であった。

第九章　回顧される明治

毎日新聞社提供

一、悪化する日米関係

凶報

序章で述べたように、本書は、「偉大な」人物金子堅太郎を称え日本社会を励まそうというような評伝ではない。とはいえ、金子を主人公としているのはまちがいない。その点からすると、残る二章は、筆者としては非常に書きにくい。アメリカでの広報外交を終えた時点で金子はすでに五五歳となっていた。当時の寿命から考えれば、もう引退してもよい年齢だった。しかし、金子はそこから三〇年以上も生きて、枢密顧問・憲法の起草者として公的な場で言動をしていった。その言動がまずいのである。とりわけ、七〇代後半あたりから、金子は極端な国家主義者・国体論者になっていく。破滅的な太平洋戦争への道を知っている後世の我々からすれば、金子は戦争責任を問われかねない人物と映ってしまう。それでも、同時代で尊敬されていたのであれば、まだ書きやすい。

金子の自叙伝は明治までで、その後は同時代の各種史料に現れる金子を追うことになる。その諸史料のなかで金子は、過去の栄光にこだわり、自己顕示のため無用な議論を繰り返す人物として現れる。その上、正面からの批判の対象にすらならず、金子を嘲笑し馬鹿にする記述が目立つ。当の本人は大日本帝国の功労者として胸を張っているだけに、かえって惨めにみえる。よって、高瀬暢彦や松村正義は、その金子の伝記的研究のなかで、晩年部分の評価をはっきりさせず通り過ぎているように思われる。

しかし、本書は、あえてこの金子の長い晩年に注目したい。晩年の金子の言動は、なぜ近代日本社会で国際主義が育たず国家主義に回収されたのかという、本書の課題を考察するに格好の材料になるからである。また、金子の言動からは、加齢に伴う「保守化」をこえた、明治日本人の特徴もうかがうことができそうである。読後感がよくないことは十分に承知しながら、以後、金子を否定的に扱うこともあるが、叙述を進めていきたい。

アメリカから帰国後の金子が就いた枢密顧問について説明しておこう。枢密院は、一八八八年に憲法草案の審議のために設けられた。明治憲法にも「天皇の諮詢に応へ重要の国務を審議す」と規定された。顧問官は、大臣・高級官僚経験者が任命されることが多く、天皇の「至高の顧問」であったが、行政に関与できない立場であった。大臣などに返り咲いた例もあるが、顧問官は、待遇は高いが実権の伴わない閑職であった。くわえて、初期は伊藤博文ら元老級の人物が枢密院議長に任命されたが、次第に枢密院議長・顧問官は名誉職的な存在になっていった。一方で、枢密院は、国政に関する重要事項に関して審議し、天皇の裁可の前に枢密院の可決をする機関であったため、枢密院の動向が政局を左右することもあった。

枢密顧問に任じられた金子は、日露戦時の功績により勲一等旭日大綬章を賜ったが、勲章とともに年金を与えられた者が多いなかで、金子には一時賜金三千円だけであった。金子は、このことがよほど気になったようで、桂太郎に不公平な処分ではないかと思うとやんわり言うと、桂からこれは自分の不行き届きだと言い訳された。伊藤の桂評「罪あれば人に嫁し功あれば己に帰する」というのを思い出したと、金子は『自叙伝』二に記している。

この話からいくつか考えられることがある。この時期、さしもの伊藤も権力に陰りがみえていた。日露戦争を成功に導いた桂太郎の台頭著しく、政党に関与する伊藤は、山県有朋や桂と微妙な関係にあり、桂は政友会系の人物を政権中枢から遠ざけようとしていた。一時金という処置に、伊藤系の金子への桂の意図が透けてみえるのである。

いまひとつは、金子の不用意な言動である。一時金であったという不満を、当の桂にぶつけてしまうあたりに金子の政治感覚のなさが現れている。不満を誰彼となくぶつけるという金子の不用意さは、晩年の金子の低評価の一因となる。金子はいわゆる腹芸のできない人物だったが、率直で正直なことは、政治の世界では美点ではなく欠点になりうる。金子が、功績に見合う要職を与えられなかった一因であったと思われる。

枢密顧問・子爵となった金子は、米友協会会長など諸団体に関わり、日米関係の専門家として、それなりに多忙な日々を過ごすこととなった。

一九〇九年一〇月二六日、昼食の席に着こうとしていた金子に逓信省の技師から電話があった。伊藤博文がハルビンで暗殺されたというのだ。技師は、暗号電報を受け取るや金子に知らせてくれたのである。金子は取るものも取りあえず大磯の伊藤邸に向かったが、伊藤夫人は「伊藤が畳の上で死ねると思っていないといわれてきたので、覚悟していた」と気丈に対応した。

伊藤博文を暗殺したのは、朝鮮人の民族運動家安重根だった。伊藤は、韓国併合に消極的で、長期的には韓国にも議会政治を普及させることをめざしていた（伊藤之雄『伊藤博文』）。また、政党政治の進展を望んでいたことは、政友会の創設などの事績から明らかである。伊藤の暗殺は、日本の立憲主義・植民地政策を暗転させるものであった。同時に、伊藤の庇護のもとで活躍してきた金子の立場をも暗転させた。

極めて良好だった日米関係は、日本人移民排斥の動きがアメリカ西海岸を中心に激化したことで急速に悪化した。一九〇六年一〇月にサンフランシスコで日本人学童が東洋人学校に隔離されたのが本格的な排斥のはじまりであった。金子はすぐにルーズベルト大統領に書簡を送り善処を依頼した。ルーズベルトは、国内世論の了解を得るため、日本人移民のハワイからアメリカへの転航を禁止することをひきかえに学童隔離を中止させた。一九〇八年には、労働者移民に日本が自主的に旅券を発給しないことなどを取り決めた日米紳士協定が結ばれた。しかし、一九一三年にはカリフォルニア州で日本人の農地所有を制限する排日土地法が成立し、後に一九二一年には土地法はより厳格化された。一九二四年にはついに連邦議会で日本人移民を完全に規制する排日移民法が成立した。

アメリカにとって、そもそも日本との関係は最重要でなく、排日は西海岸での一事件にすぎなかった。よって、連邦政府は、過激な排日運動に反対を表明しつつも、州レベルの政策に介入できないという立場を日本に繰り返すだけであった。一方、日本にとっては、アメリカとの外交関係は最重要課題になりつつあり、アメリカから文明国としての体面を真正面から否定されることは耐えがたい国辱ととらえられた。排日問題への日米両国間の重要性に対する認識の差が、問題解決を難しくしていったのである。また、日本では移民を棄民視する発想が強く、政府関係者や識者などのエリートは、日本人移民そのものを救うことに関心が薄く、対外的な体面の問題として排日問題を扱いがちであったことも問題だった。

金子は、米友協会の会長でもあり、排日問題を懸念したが、広報外交で大統領をはじめアメリカ政府要人の日本に好意的な態度を実感していたため、しかるべく交渉すれば解決可能だと楽観していたようである。一九一七年に発表された論文（「日米関係改善策」、『著作集』五）から、金子の日米関係観を探ってみたい。

金子は、排日論は黄禍論などの「浮説流言」が広まったことが原因であるとみていた。その上で、日米関係悪化の原因を六つ挙げた。

第一は人種の差異にある。「文明社会」で人種差別はあってはならないはずだが、「多数者はすべての程度が極めて低い」から国際問題になるとした。つまり差別は「愚民」のなせるわざだというのである。

第二は、英語力が不足しているため、在米日本人が容易に米国人と親しまないことだとした。

第三は、日本人が低賃金で勤勉に働くため、「自国の労働者の立場を保護し、経済維持するために」日本人の渡米に反対するとした。

第四に、日本人の習慣がアメリカ人と全く異なることが原因で、日本人の改良は一朝一夕にできないので改善は困難である。

第五は、連邦制をとるアメリカでは連邦政府が州政府に強制できないことを日本人は理解できないため、日本ではアメリカ政府の動きが異様に思えると指摘した。

第六は、日米両国が対中国貿易で競争状態にあることが、日米関係の悪化につながっているとした。

金子は結論として、「要するに日米親善を増進せんとするには、先ず両国民における誤解を一掃して、意志の疎通を図り、かくして共同事業を経営するようにし、利益上に結合しなければならぬ」という平凡なものであった。人種の違いはどうしようもなく、偏見は「愚民」のせいだとして、ではどうすればいいのか。金子の論に従えば、日米親善のためには、識者で英語力があり日本的風俗を改良できているものが交際に当たるしかないということになる。つまり金子のような日本人と、金子がハーバード大学で会ったようなアメリカ人であれば相互理解は進むと考えていたようである。

前章でみたように、民主化が進むなか、エリート間の秘密外交でことが決する時代は終わりつつあった。金子の日米関係改善策は、もはや時代遅れのものになりつつあった。

連合高等委員会

金子は、日本人移民排斥問題の解決を、自身の政界復帰につなげようとした。そのために近づいたのが渋沢栄一であった。渋沢栄一が多数の会社の起業に関係し、実業界の第一人者であったことは周知のことである。一方、渋沢は、社会への貢献を極めて重視しており、様々な社会事業にも取り組んでいた。また、日米の親善促進にも積極的に取り組み、日露戦後の一九〇九年には、実業団の団長として渡米し、日米関係改善のための「国民外交」を展開した。渋沢は、一九一六年に、東京商業会議所に日米関係委員会を設け、金子をはじめとした政財学界の錚々たる名士に委員を委嘱した。

金子が日米関係委員会の活動を背景に打ち出したのが日米連合高等委員会の設置案であった（「日米関係に関する高等連合委員会設置論」、『著作集』五）。この委員会は、米国政府は「日米問題に関し的確なる知識を有し且つ米国人民の信頼すべき七名の委員を任命」し、日本政府も「米国同様の代表的人物七名を任命し」、「本問題の理非、曲直、賛否等に付き各階級の人士の証言を収集して徹底的に調査審議」して結論を両国政府に報告するというものであった。金子がこうした委員会を重視したのは、アメリカが国際関係の重要問題を国民の輿論に基づいて決定する国とみたからであった。

金子は過去の成功例として、アメリカとカナダの国境問題を論じた米英間の連合高等委員会を挙げた。しかし、一九世紀の半ばという時期は、アメリカですら国民の輿論《よろん》で外交政策が決定される環境ではなく、だからこそ、エリート間の協議で議論がまとまった点を金子は見落としていた。

時機を失した観のある金子の提案は、外交当局から忌避された。一九二〇年に、日米間の非公式協議がはじまったのを受けて、金子は渋沢とともに、原敬首相に、連合高等委員会の設置と金子の遣米を要請した。原首相の同意にもかかわらず、幣原喜重郎駐米大使の反応は厳しかった。金子の遣米は二重外交になること、委員会設置にはアメリカ議会の承認がいることなどから、金子の提案には反対だというものだった。

一九二四年に排日移民法のアメリカ連邦議会通過をひかえる時期にも、再び金子の遣米が取りざたされた。この時も埴原正直駐米大使が「（金子の：筆者注）来米は徒らに事態を紛糾悪化」させるだけだと反対した。ことごとく活躍の場を奪われる金子の立場を物語るのが次の当時の松井慶四郎外相の回想である。

なるほど金子子爵は日露戦争の際功労はあったが、今度は時勢も問題も違う。その上やかましく言われては埴原などは立場がなくなり、必ずそれを潮に帰してくれと言うて来るに違いない。現に金子子爵が派遣せらるるのは本当かと電報で聞きに寄越した位であるから、むしろ埴原に十分働かした方がよかろうと思うたから、私は余り同子爵の派遣に同意しなかった。

（『松井慶四郎自叙伝』一三五頁）

つまるところ、金子の見通しは次の二点で時勢に合わないものになっていたということである。一つは、一九世紀の宮廷外交を思わせるようなエリートや貴族に限定された外交交渉では、ナショナリズムの時代の外交問題、とりわけ世論中にうずまく人種差別観や経済的不満を背景とした移民問題には通用しないということである。日露戦時の広報外交では、大統領との関係やハーバード大学閥を生かして、識者の日本観を改善すれば良かったが、社会的にも経済的にも恵まれたエリートが、上から目線で解決案を提示すれば「徒らに事態を紛糾」させるのは明らかだった。

いま一つは、かつて伊藤博文や山県有朋が個人プレーで外交を展開させた時代は過ぎ、外交は外務省が専管するという行政制度が確立しており、元老然として外交交渉に介入できなくなっていたということである。

結局、金子の提案は受け入れられず排日移民法は連邦議会で成立した。この報告を受けた金子は怒りを爆発させた。

私が研究した所によれば、アメリカでは朝野の間に連合高等委員会を設けて関係国間の解決に資した先例があるので、日米間にもこうした機関を設けてはどうかと寺内内閣当時の首相・外相に進言して同意を得たが、（中略）一つも当局の採用するところとならなかった。（中略）今日においてかくのごとき残酷な法案の通過をみて今後日本人が世界を闊歩できなくなるのは遺憾の極みである。

（「枢密院会議筆記・対米外交報告・大正十三年四月二十三日」）

枢密顧問になってからの金子は、政府批判を繰り返したが、この連合高等委員会案でも、ではどのような妥協策があり、どうすれば日米の世論を沈静化できるのかといった具体案にかけていた。明治日本を懐かしむかのような外交論は通用しなくなっていたのである。

二、歴史編纂事業

歴史を「創る」

時計の針を大きく戻したい。第五章でみたように、金子は議院制度取調出張中に当代きっての碩学スペンサーと面会した。この時、スペンサーは近代国家日本として歴史編纂が急務であると金子に説いたことはすでに触れた。議院制度調査より帰国した金子は、「国史編纂局」を設けることを建議した。

まず金子は、ヨーロッパの識者が異口同音に日本の歴史書の編纂を求めたことを紹介し、必要とされる歴史書について次のように述べた。

私が思うには、日本の歴史は欧文で編纂していないだけでなく、日本語でも存在しないことをどうしたらいいのか。『大日本史』はあるが、これは旧水戸藩主徳川氏の私著であり、遠く後亀山天皇の時代までで、北畠氏の『神皇正統記』があるが、これは日本の歴史というものではない。頼山陽の『日本外史』もマコーレー氏の『英国史』の類いではない。これらの書籍は年代記の類いではなく一家一門の家史にすぎないので、決して日本国の国体・制度・習慣・人情を示し、政治の変遷及び君民の実況を知らしめるに十分ではないのである。（中略）今日我国の急務は内政の改良、立憲制度の設立、条約改正とともに日本の歴史を編纂して日本古来の国体・政治・文物・習慣・風土・人情等より一国の文明の起源とその進み具合を詳らかに記載し、西洋人が認める日本国の歴史といって恥じない書籍を著述することである。

（「国史編纂局を設くるの議」一八九〇年、『著作集』三）

『古事記』『日本書紀』を挙げるまでもなく、日本でも古代より中国にならって歴史書編纂は行われてきた。また、儒教の影響で、『春秋』などの史書は重要視された。金子はそうした日本の歴史書文化を知っていたはずだが、金子のいう歴史書とは、中国の堯舜の時代を理想とし、それに引き比べて時代を論じるような、大義名分論に従って人物を評価するような歴史書ではなかった。つまり、西洋人の評価に堪えうるような形式の歴史書を書くべきだというのである。

ではいかなる歴史の著述ならば西洋人に恥ずかしくないのか。この点は、金子のような政府の官僚よりも明治の歴史学者にとって重要な問題だった（以下の記述は、関幸彦『「国史」の誕生』、松沢裕作『重野安繹と久米邦武』を参照）。

現在では、『古事記』や『太平記』の記述を史料に基づいた歴史記述と考える人は少ないだろう。つまりそれらは「神話」もしくは「物語」だということだ。非合理的な出来事や単純に善悪で割り切れる人物が実際には現出しないことを了解し、学術的な歴史とは切り離して『古事記』や『太平記』を理解しているということでもある。また、因果関係に無関心でただ起きたことを書き連ねるだけでは、それを歴史書とはいえないことも多くの人は理解している。

明治初期に最初に大きな影響を与えたのがいわゆる「文明史」である。西洋文明なりイギリス文明なりが、いかにして進歩してきたのかを記述する歴史書である。金子がアメリカ留学時代に学んだ歴史もおそらく文明史であったと思われる。金子が建議書のなかで『日本外史』と比較して挙げているマコーレー（一八〇〇―一八五九年）の『イングランド史』も文明史の一種であった。文明史は、進歩を善とし進歩を妨害する者を悪として描くという点では善悪二元的「物語」の歴史観であった。しかし、江戸幕府を倒し、西洋文明化を進めて近代国家を建設していた明治政府にとっては好都合な歴史観だった。金子の建議書からすると、この時点で金子が考えていた日本の歴史書というのは、「日本文明史」のようなものだったのではないかと推測できる。

文明史の流行の後に重視されたのが史料実証による歴史学であった。明治政府の修史事業に早くから参画していた重野安繹《やすつぐ》は、実証主義の立場であった。その際、重野は『太平記』の記述を次々と否定し、「抹殺博士」の異名をとった。また、一八九一年、久米邦武が「神道は祭天の古俗」との論文を発表し、それが神道家の怒りに触れ、久米邦武は帝国大学教授辞職に追い込まれ、重野も辞職した。「科学」としての歴史を強調すれば、天皇もヒトであり神のはずはなく、天孫降臨の神話もおとぎ話となる。この路線で進めば、国体の根源的な根拠も実証不可能ということになる。金子は、実証史学への評価は明らかにしていないが、その強烈な国体論から想像すれば、実証史学とは相いれない立場だったと思われる。ただし、金子は史料を軽視したわけではなく、科学的な史実解明のためではなく、明治維新の偉業の証拠としての史料収集に努めた。

一九一四年、金子は、『明治天皇紀』編纂のため臨時帝室編修局の副総裁に任命され、明治史の創造に関わっていくことになる。様々な「はじめて」があった明治時代であるが、日本の歴史も創られなければならないものだったのである。

『明治天皇紀』

二〇一四年八月、『昭和天皇実録』が明仁天皇に奉呈され、二〇一五年から公刊がはじまり大きな話題となった。真相が見えにくい宮中のことに関して、どんな興味深い新事実が書かれているのかと手に取った歴史好きの方も多かったであろう。『昭和天皇実録』は、次のようにはじまる。

明治三十四年（西暦一九〇一年）
四月
御誕生　二十九日　月曜日　東京市赤坂区青山東宮御所内御産所において皇太子嘉人親王大正天皇の第一男子として御誕生になる。この日皇太子妃節子貞明皇后には午前より御出産の徴候あり……

昭和天皇をめぐる出来事が、何の解釈も背景説明もなく、淡々とそして延々と続いていく。昭和天皇「物語」を期待していた人にとっては、期待がはずれたのではないだろうか。この『昭和天皇実録』の形式を決めたのが、『明治天皇紀』だった。『明治天皇紀』の冒頭は次のようなものだ。

嘉永五年　宝算一
九月
降誕　二十二日、天皇、権大納言中山忠能の第に降誕あらせらる、是の日、天晴れ、風静かなり、辰の刻頃典侍中山慶子出産の徴あり……

『昭和天皇実録』が『明治天皇紀』を参考にしていることは、両著の冒頭をみても明らかである。こうした天皇紀の物語性を排した記述は当初からの方針ではなかった。臨時編集局創設に伴い、天皇記執筆の責任者である編修官長には股野琢が就任した。股野は漢学者で近代史学には通じていない人物で明治天皇の言行や聖徳を記す程度に考えていた。股野に代わって編修官長となったのが、竹越与三郎（三叉）だった。竹越は民友社で活躍した歴史学者で『新日本史』はベストセラーとなった。竹越は典型的な文明史家で「日本のマコーレー」と称された。

竹越の稿本では、『明治天皇紀』の第一巻は緒論として日本国家の全体像を描くことに始まった（堀和孝「竹越与三郎と『明治天皇紀』編修事業」）。竹越は、「明治史という壁を塗ればよろしい。偉大な明治天皇は壁中に金砂のごとく輝き、閃てくる、それが即ち明治天皇紀だ、国史を離れた天皇紀は考えられぬ」（渡辺幾治郎「明治天皇紀編修二十年」）と考えていた。よって、竹越構想では『明治天皇紀』は膨大なものとなる予定であった。竹越と金子の確執は、次章で触れるが、文明史としての天皇紀というのは、先に紹介した金子の建議書に反するものではなかった。

ところで、金子は一九一九年から臨時帝室編修局の副総裁として闕員となった総裁職を摂行することになった。翌年、金子は天皇紀の編集方針を上奏した。それによれば、天皇紀は「国史たらざるべからざること」、「天皇の言行を事実のままに記述」すること、輔弼の臣の功績を記し、「民間にありて文明の進歩に寄与したる者の事績を記録すべき事」、「内政に関連して外勢を叙録し以てその内外相交渉するゆえんを明らかにする事」、「欧文に翻訳することと」というのが編修方針の骨子だった（堀口修「『明治天皇紀』編修と金子堅太郎」より再引用）。明治天皇の偉大さは天授のものであるから、臣下がみだりに論議すべきではないとし、編年体に記事本末体を交えた天皇紀は、文明論的な粉飾を避けることになったものと思われる。

ところで、一九二二年に総裁になった金子の評判は芳しいものではなかった。

> 金子堅太郎というのは、ぼくは気にいられて世話になった一人なので悪口はいいたくないのだけれども、ほんとうをいうと私心の強い人で、自分の関係したところだけは非常にくわしく書かないと満足しないのです。
>
> （深谷博治の証言、稲田正次ほか「座談会　維新史研究の歩み（第六回）」より）

金子にしてみれば、自身は輔弼の臣であったのだから、その功績を詳しく書いてもいいではないかという気持ちだったのかもしれない。しかし、実際に金子に関係する『明治天皇紀』の記述は不自然なところがある。明治三七年二月四日の記事には、金子を米国に末松謙澄を英国に派遣することが決まったと書かれているが、末松のことはほとんど触れず、第七章でみた伊藤と金子のやりとりが詳細に記されている。極めつけは、わざわざ〔附載〕として金子の別荘に皇后が行啓したことが書かれ、皇后下賜の菓子を持った兵士が無事に凱旋したエピソードを「開戦時の挿話として伝う所なるを以て、此に附載す」と載せていることである。断定はできないが、おそらくこの箇所など、「自分の関係したところだけは非常にくわしく書かないと満足しない」金子総裁の横槍が入ったのだろう。

金子の介入はさておき、『明治天皇紀』は、一九三三年八月に完成し、昭和天皇に奉呈された。

御紀二百六十冊及び附図八十一葉を上り創業以来の沿革を概叙上進して以聞し　宸厳を冒瀆し奉る臣戦汁屏営の至に任ゆるなし臣堅太郎誠恐誠惶頓首頓首謹みて奏す

（「明治天皇紀を進るの表」一九三三年、『著作集』三）

二〇年近くの歳月を要した大事業であった。『明治天皇紀』は、文明史としての面白みはないが、淡々とした記述によって時代の変遷を浮かび上がらせることに成功しており、第一級の歴史史料として現在でも価値を失っていない。

第十章　国家主義的国際主義

毎日新聞社提供

一、アジア・モンロー主義

憲法の番人？

明治憲法草案作成に関わった伊藤博文・井上毅・伊東巳代治・金子堅太郎の四人のうち、井上は一八九五年に、伊藤は一九〇九年に世を去った。そのため、伊東と金子の憲法に関する発言は重みを持つことになり、二人は枢密顧問として「憲法の番人」を気取ることができた。

先に記したように、枢密院は重要法案や条約の裁可・批准前に天皇の諮問をうける機関だったが、通常ではさほどの実権はなく、顧問官は名誉職的なものだった。しかし、政局を左右するような法案や条約の場合、枢密院通過の可否が内閣の命運を決することもあり、枢密顧問の言動は政治性を帯びた。

その代表的な例が、金融恐慌時の台湾銀行救済のための勅令案を枢密院が否決したことである。金融恐慌とは次のようなものであった。一九二七年に第一次若槻礼次郎憲政会内閣は震災処理手形処理法案を議会に提出したが、その審議中に蔵相が失言をし、銀行の取付け騒ぎとなった。その混乱のなか、鈴木商店が経営破綻し、鈴木商店の巨額の不良債権を抱える台湾銀行が休業に追い込まれる事態に発展した。若槻内閣は緊急勅令によって台湾銀行を救済しようとした。

伊東枢密顧問は、緊急勅令が憲法違反であると激しく政府を批判した。金子も次のように述べて伊東に同調した。

回顧すれば枢密院は明治二一年四月より翌年一月に至る迄此の議場に於て明治大帝の御前に於て憲法草案を審議したり然るに四十年後の今日に於て往時憲法編纂の事に与りたる本官として憲法に反し即ち明治天皇の叡慮に背き奉りて迄も一台湾銀行を救済することには到底同意を表すること能わず

(「枢密院会議筆記・日本銀行ノ特別融通及之ニ因ル損失ノ補償ニ関スル財政上必要処分ノ件・昭和二年四月十七日」)

わざわざ憲法起草時のことを持ち出して、憲法をつくったのは私だと言わんばかりの嫌味な発言だった。しかし、問題は金子の性格ではなかった。緊急勅令の否決により若槻内閣は総辞職したが、政友会寄りと思われていた伊東と金子の言動が憲政会内閣倒閣のためになされたと思われたことである。

ところが、続く田中義一政友会内閣の時にも伊東と金子は政府に難癖をつけた。一九二八年、パリで不戦条約が締結され、内田康哉元外相・枢密顧問が調印した。ところがこの条約中の「人民の名に於て」条約を締結するという一節が天皇大権を侵すものだとの批判が出た。結局、条約批准に際して「人民の名に於て」の一節は日本に適用されないとの留保の一文をつけることで決着したが、枢密院での議論は些末で無意味なものであり、内田顧問官は面目をつぶされ辞意を表明することになった。

憲政会内閣だけでなく、政友会内閣をも批判した伊東や金子が公平であったわけではない。つまるところ、自分たちの存在を誇示できる場合には何にでも食いついたというのが本当のところであろう。

金子は伊東に同調することが多く、伊東の「腰巾着」とみなされていた。不戦条約で苦い思いをさせられた内田康哉と緊急勅令案で煮え湯を飲まされた幣原喜重郎（若槻内閣外相）は二人の関係を次のように話し合った。

幣原「枢密院の空気は誠に不愉快千万だ、田中（義一）も引き継ぎの際、口を極めて伊東を罵倒していた。金子の態度も変だ」

内田「私も満四年間枢密院にいて多少その内情を承知している。金子は伊東の巾着だ。」

幣原「（金子が伊東に）何か弱みをつかまれているのではないか」

内田「あるいはそうかもしれない。伊藤公の時以来金子は伊東に一歩譲り、とてもかなわないと自覚し、結局伊東に従う。伊東は金子を利用することができ、互いに相依り合う関係のようだ」

（「内田伯遺稿」二、小林道彦ほか編『内田康哉関係資料集成』第一巻三六四頁）

田中義一から内閣を引き継いだのは、民政党（旧憲政会）の浜口雄幸首相だった。浜口は緊縮財政の方針をとり、軍縮にも積極的だった。ロンドン海軍軍縮条約を締結した浜口内閣に対して、またしても枢密院は攻撃にでた。軍部の了承を得ずに軍縮を決めたのは統帥権干犯に当たるというのが批判の焦点だった。伊東と金子は政府を痛論し続けたが、冷めた目で見られていたようである。

金子子爵は（中略）極めて杜撰な長い演説をして、しかも自分の手柄話などを交えたため、かえって何の感動も与えず、軽侮の念を起こさせたようだ。

（『牧野伸顕日記』一九三〇年九月一三日）

枢密院の会議で、過去の自慢話を延々としゃべるというのでは、絵に描いたような「老害」である。金子自身は、憲法の起草者として、憲法の誤った運用を指弾する責任があると信じていたに違いない。しかし、もっと辛辣な評価もあった。

一体、金子とか伊東巳代治とかいう連中は、憲法制定の場合に直接枢機に参した者ではない。（中略）金子の如きは、ただ英語をよくする者が他にいなかったために、いろいろ参考に英書をしらべてもらったぐらいのことで、憲法の制定の時に本当の意味において働かれた功労者は、井上毅の如き人で、或はフランスのボアソナード、或はドイツのグナイスト、この三人が主になってやったのである。

（原田熊雄『西園寺公と政局』第四巻二六〇頁）

西園寺公望は、公卿出身で、立ち上げ時から政友会に参加し、伊藤博文の後に総裁となり首相を務め、昭和期にはただ一人の元老となっていた。つまり、古くから金子を知っていたわけだが、それにしても残酷な評価である。金子のプライドを全否定する西園寺は、金子に悪意を持っていたようだが、その原因は、金子が自己顕示のためになりふりかまわず行動した点にあった。

番人として憲法を守ることを生きがいにしていた金子だが、同時代の悪評をみていくと、金子の方が自身のプライドを守るために「不磨の大典」であった明治憲法を盾にしていたようである。

国際的孤立のなかで

一九三一年九月、関東軍は満州で軍事行動を開始した。満州事変である。政府の不拡大方針を無視して軍は暴走し、日本は国際社会から非難された。傀儡国家「満州国」問題で国際連盟は紛糾し、日本はついに国際連盟脱退を通告し孤立を深めていくことになった。

金子は日米関係を重視しつつも、金子の国体論などに注目してくれる軍部に接近していった。犬養毅内閣の荒木貞夫陸相は金子のアメリカ派遣を提案し、金子も乗り気だったが（原田『西園寺公と政局』第二巻二一一頁）、立ち消えとなった。自分の存在価値を示せる場を求めていただけの金子が、アメリカでどう交渉するのかという具体的な計画をもっていたとは思えないが、この時期の金子の議論からその考え方を推測してみたい。

一九二八年三月、金子は国際政治の大局観を大阪放送局で講演した。このなかで金子は、国家間の交際には、「憫愛の時代」「敬愛の時代」「畏愛の時代」があるとした。明治初年から日清戦争までの日本と欧米の交際は「憫愛の時代」で「大人が子供に向って背中を撫り頭を撫る程度であった」が、日清戦争に勝利すると「日本帝国は敬愛すべき国なり」と思われるようになった。そして、日露戦争によって日本は「畏れ愛する」対象となり「日本は世界の列強の仲間入をしたのである」「華盛頓会議、昨年の「ジュネーブ」の会議でも日本の地位は英・米・日――仏・独・伊は日本の下に在る。世界列強の第三位に居る」との見解を示した（「国際関係の状況」、『著作集』五）。

日本の地位向上は事実で、憐憫の対象だった時代から欧米で活動した金子には感慨無量のものがあったにちがいない。しかし、畏れ愛されているからといって、欧米諸国が日本の行動を全面的に認めてくれるはずはない。では、何に頼るのか。結局金子にとって重要だったのはアメリカで培った人脈だった。

日本が孤立を深める頃から、金子は、日露戦時にセオドア・ルーズベルト大統領が金子に示した「アジア・モンロー主義」にしばしば言及するようになった。

大統領は次の如く答えた。「日本モンロー主義」の範囲はインド、安南、フィリッピン群島、香港、その他の欧米植民地を除く以外の全アジア大陸――西はスエズ運河より東はカムチャツカに至る――を包含すべきである。それと同時に日本はアメリカが唱道したる支那における「門戸開放、機会均等」主義を遵守すべきである。（中略）かれ（セオドア・ルーズベルト：著者注）は死去して、かれがアジアにおける『日本モンロー主義』の意見を公の席上に於て表することなきは、余はもちろん、日本にとりては最大の不幸事である。かれが如き近世における偉大なる政治家によりその抱懐せられしこの意見は、天かれに假すに齢を以てし、満洲が再び焦眉の国際問題となれる今日、かれ自身の口から発表せられしならば、実に意義あるものとなったであろう。

（「日本モンロー主義と満洲」一九三二年、『著作集』第五集一四一頁、一四九―一五〇頁）

日本がアジアを独占的に管轄することを、懇意だったルーズベルト元大統領が認めたのだという文脈だった。

第八章でみたように、ルーズベルトの発言は、金子の思っていたようなものではなかった。第一、この発言当時、金子はアメリカで、日本はアジアで英米文明の先駆けとなると述べていたのであるから、ルーズベルトは、英米の国際秩序を守ってくれるのであれば、アジアを日本にある程度まかせるというくらいのリップ・サービスはしてもよいと考えたのであろう。しかし、一九三〇年代の日本は、英米主導の国際秩序を破壊すべくアジアでの侵略を重ねるのである。こうした状況でルーズベルトの発言を取り上げても効果はなかった。

しかし、金子のなかでは、かつて大統領の別荘で大統領と膝をつきあわせて日米露の微妙な交渉をしたことが明滅していたのかもしれない。

私は依然としてこの大地で、もがき這い回る運命にあります。また陛下と母国に仕える運命にあります。とりわけ、いわゆる日米間の危機を解消し、極東と世界の平和を維持することができるアメリカと日本の友好平和関係を取り戻すために。

（「ホームズ宛書簡」一九三五年一月一六日、James Kanda ed., The Kaneko Correspondence, 37-4）

金子は自身の言動が日米関係に悪影響を与えかねないことに無頓着であり、アメリカとの個人的な友好関係にしか目を向けていなかった。しかし、この点に関しても、やはり西園寺公望は辛辣な評価をしていた。

ルーズヴェルトも、しまいには金子には弱っていたので、金子が言うほどルーズベルトの方では金子にたいしてそう何もなかったんだろう。

（原田『西園寺公と政局』第二巻二二一頁）

もはや、金子とアメリカの友人たちとの関係も終わりつつあった。先のホームズ宛の書簡をだしてまもなく、金子はホームズの訃報を受け取った。

二、金子は晩節を汚したのか？

伯爵になりたい

功なり名を挙げた人が最後に求めるのは名誉である。金子堅太郎は、一八九九年に男爵となったが、日露戦時の広報外交に対しては勲章と一時金をもらうにとどまり陞爵《しょうしゃく》の沙汰はなかった。

近代日本の爵位制度は、公・侯・伯・子・男の五爵からなり、公卿や旧大名が家柄や石高に応じて叙爵され、ほかに勲功による叙爵があった。ヨーロッパにおける爵位は、原則として特定の土地支配権に付されるものであるため、ある男爵領を支配する男爵が子爵に陞爵するということはない。しかし、近代日本の爵位は家に与えられ、何爵であるかが家の家格を表すものとなった。よって、名誉に敏感な者にとっては、自家の爵位が気になるのである（浅見雅男『華族誕生』）。

金子は、日露戦時の活躍が評価されて、一九〇七年に子爵に陞爵した。しかし、その後は閣僚などの要職に就くこともなく、アメリカ派遣も実現しなかった。つまり次なる陞爵に値する功績を立てる機会がなかったのである。それでも金子は伯爵への陞爵にこだわった。牧野伸顕内大臣は、金子の陞爵運動について以下のように述べている。

宮内大臣が来た。金子子爵の陞爵問題である。諸方よりの運動は醜態を極めはなはだ不愉快なことだ。そうとはいえ、虚心で考慮を重ね感情に支配されてはならないことであり、功績を中心に詮議したが、実際その価値は不十分のように思われるとのことだ。

（『牧野伸顕日記』一九三三年一一月二四日）

この時は結局陞爵はみあわされた。もはや目立った功績を挙げる機会に恵まれない金子にとって、重要な仕事が『明治天皇紀』の完成だった。前章で、編修官長に竹越与三郎が就いたことで『明治天皇紀』が文明史の観を帯びた大部のものとなる方針になったことを紹介したが、竹越は一九二六年に編修官長を辞任した。その理由は金子との衝突であった。

総裁金子堅太郎は年令已に八十を越えていたので、自己存命中に、此の伝記完成の栄誉を獲て、伯爵に昇叙されることを期待し、また三叉に対しては、伝記完成の暁に、三叉を男爵に推奏すべしと云って、伝記の早期完成を促した事が、三叉を痛く憤激せしめ、天皇紀編修の大綱方針が定まった此の機会に、西園寺公の慰留をも排して、三叉は辞任したのである。

（竹越熊三郎「竹越三叉　日本経済史・明治天皇紀」、堀「竹越与三郎と『明治天皇紀』編修事業」六七一頁より再引用）

金子は、年齢も考えて、早く『明治天皇紀』を完成させ、自分の功績にしたかったというのである。竹越与三郎（三叉）の後には三上参次が編修官長に就任し、一九三三年八月に『明治天皇紀』は完成したが、その評価については、またしても西園寺が木戸幸一内大臣府秘書官長に厳しい意見を述べた。

明治天皇紀の編修に就ては、金子子は一回、三上が二三回も来た位のもので、（西園寺は：筆者注）余り関係せず、又出来上がった天皇紀も、申訳ない話だが、読んで居らないので、自分（西園寺：筆者注）は実は此問題は判らない。而し君は懇意な間であり、友達として打明た話をすれば、白紙になって考えるのに、自分は其価値はないと思う。（中略）種々の事情で陞爵された場合には、自分としては何も不平は云わず、又非難がましいことを云うことは絶対にしないから、其辺は安心して貰いたい云々。

（『木戸幸一日記』上巻、昭和七年一一月一七日）

西園寺は文句は言わないとしつつも、『明治天皇紀』編修が金子を伯爵にする価値のある功績だとは思わないとしたのである。竹越与三郎は、西園寺公望の秘書官を務めたこともある側近だった。竹越を編修官長から追った金子に、天皇紀を編修したと大きな顔をさせたくないというのが西園寺の本音だったと思われる。

歓迎されていたわけではないが、一九三四年一月、「陛下の篤き思召により」（『木戸幸一日記』）陞爵が決まり、金子は念願の伯爵になれた。

金子が伯爵になった頃、伯爵は一〇八家あり、華族全体の一割程度だった（浅見『華族誕生』）。一九三四年に世を去った伊東巳代治は早くも一九二二年に伯爵になっていた。金子の旧主家黒田家は旧大名の家格で侯爵だったが、功績で伯爵に達したのは、首相級の人物が多く、金子は政治家として成功しなかったことを爵位で補うことができたといえる。精力絶倫の金子老人は、伯爵になった後も、枢密顧問として枢密院で発言し、歴史編纂では『維新史』を完成させて奉呈した。さすがに侯爵に陞爵することはなかったが。

国体明徴運動

金子堅太郎が、政治的事件で目立った活躍をした最後のものが国体明徴運動だった。国体明徴運動とは、一九三五年二月に帝国議会で美濃部達吉東京帝国大学名誉教授の天皇機関説が攻撃されたことにはじまった。天皇機関説は、日本の統治権は国家にあり、天皇は最高機関として、内閣などのほかの機関とともに統治権を行使するという学説であった。この美濃部の学説は通説となっていた。つまり、天皇は立憲君主であり、議会を重視した統治を行うべきだとの、明治憲法の穏当な解釈だった。

一九三五年の段階で天皇機関説が攻撃されたのは、二つの理由があった（以下、飯田直輝「金子堅太郎と国体明徴問題」）。一つは、世界的な君主制が危機を迎えていたことである。第一次世界大戦中、ロシア革命によってロマノフ王朝が倒され、大戦後にはドイツ皇帝ヴィルヘルム二世も退位し亡命を余儀なくされた。こうした情勢が、社会主義の流行と重なって日本にも波及すれば皇室が危機に陥るという危惧がもたれるようになった。一九二五年には、男子普通選挙法が成立したが、同時に「国体の変革」を目的とする結社を禁じた治安維持法が成立したのも、こうした危惧の現れであった。

いまひとつの理由は、政局の問題だった。一九三二年二月の犬養毅政友会内閣下での総選挙で政友会は、四六六議席中三〇一議席を獲得し大勝していた。しかし、同年五月の五・一五事件で犬養首相が暗殺され、海軍の長老斉藤実挙国一致内閣が成立し、政友会は政権の座を離れた。斉藤の後継はまたしても海軍出身の岡田啓介内閣となり、政友会は政権奪取のために岡田内閣の倒閣を目指していた。よって、天皇機関説攻撃は内閣を窮地に陥れる格好の材料になったのである。枢密院議長の一木喜徳郎や内閣法制局長官の金森徳次郎も機関説を唱えていたため、二人を失脚に追い込めば倒閣に結びつけることができたのである。

岡田内閣は、天皇機関説を否定し、天皇に統治権があることが国体の本義であるとする国体明徴声明を出した。国体の問題になると、金子の出番であった。金子は一九三五年三月には、岡田首相に宛てた意見書を提出した。このなかで金子は天皇機関説に陥った原因が二つあるとした。その一は、おきまりの自分が憲法を起草したときは天皇機関説など考えられていなかったという昔話である。その二は、美濃部のような憲法学者が、ヨーロッパで国家法人説などを学んで明治憲法解釈に応用したことが原因だとする（「伯爵金子堅太郎より岡田内閣総理大臣に提出した意見書」昭和一〇年三月二六日）。

金子は、機関説問題で自分の存在を誇示する機会を与えられた。金子は憲法制定時の「記憶」を繰り返すなかで、明治天皇も伊藤博文も立憲君主など考えていなかったことが「事実」だとする話を作りあげていった。明治憲法制定当時の思い出がもっとも詳しく書かれている『帝国憲法制定と欧米人の評論』も一九三五年七月の金子の講演が元になっている。

第四章でもみたように、伊藤博文の憲法構想は、国民意識を確立した上で議会制民主主義を実現することにあった。また、天皇親政のような政体ではなく、君主権に制限をくわえた立憲君主こそが近代日本にふさわしいと考えていた。くわえて、金子も『帝国憲法制定と欧米人の評論』で認めているが、超然主義ではだめで政党政治でなくてはならぬと説いたのはほかならぬ金子であった。

たしかに金子は憲法制定時に明確に機関説をとっていたわけではないが、伊藤も含め、憲法起草者が想定していたのは機関説に近い立憲君主であった。結局のところ、機会主義者の金子は、時勢に乗れそうだとみて、軍部や右翼にかつがれて機関説排撃の片棒をかついだのである。金子の息子武麿も「親父がいろいろ軍人に擔《かつ》がれて困る」

（原田『西園寺公と政局』第四巻、二六九頁）と愚痴をこぼしていた。発言の機会を得ると、コロコロと立場を変える金子は、「ファッショに賛成して軍部の肩を持つことがしばしばあるかと思うと、この頃はまた逆に政党に煽てられて使われている」（原田『西園寺公と政局』第五巻二九四頁）とみられていたようである。

軍部や政党に利用されるのは、金子が不遇感を募らせていたこと、人の言動の裏を読むことをしない性格であったことを考えれば仕方がなかったのかもしれない。しかし、より問題だったのは、狂信的な機関説排撃に与することが、金子が依ってたつ基盤そのものを否定していることに気づいていなかったことである。一九三二年二月には血盟団事件で金子の親友団琢磨は暗殺されていた。そして、国体明徴運動の後に起きたのが二・二六事件である。青年将校の「蹶起《けっき》趣意書」には、「所謂元老重臣軍閥官僚政党等は此の国体破壊の元兇なり」とあった（磯部浅一『獄中手記』）。青年将校達は、社会への不満を明治憲法体制下のエスタブリッシュメントにぶつけたのである。金子は明治のエスタブリッシュメントの代表であった。伯爵になって喜ぶ老人など、許すべからざる存在だったはずである。

若いときの金子は、「城を枕に討ち死」とか、「官吏になるのは薩長の走狗になることだ」とか、激情から発するような議論を冷笑していたはずである。国体明徴運動から生まれたのは、唱えている本人は大まじめであったかもしれないが、幼稚で小児病的な国体論であった。

くわえて、金子は、現在の教育が悪い、国体を軽視する世相がだめだと繰り返しのべる。しかし、金子には、近代日本の制度設計をしたのは、自分たちなのだという責任感が全く欠如していた。昔は良かったと嘆いても、そもそも悪いと思う「今」をつくったのは自分たち老人なのだと思わず、不遇感を爆発させるのは無責任なのである。

本節の題は、「金子は晩節を汚したのか？」というものだが、国体明徴運動時の金子をみると、そこに疑問符がいらないことは明らかである。

日本に還る

福岡の下級武士の家に生まれた金子堅太郎は、一七歳で郷里を離れ、一八歳でアメリカに向かった。福岡から世界へ羽ばたいたのである。その最晩年の著作の題名は『日本に還る』（一九四一年）である。九〇歳を前にして、国際人金子堅太郎は、何を思って日本に還ると言ったのか。『日本に還る』の冒頭、金子は日本が漢学も仏教も西洋のことも日本化できる国であることを誇り、「日本人は世界無比の幸福なる、又名誉ある人種というても差支えない」として次のように述べた。

> 西洋の諺にあるように、「人間は己れの権利を主張すると同時に、己れの義務も又実行しなければならぬ」。この諺こそ、一個の人間にとっても、国際間に於いても、親善平和を保つ原則であると思う。欧米人は虚心坦懐、天理人道に基いて我々日本民族と提携し同心協力し、速やかに東洋の平和を恢復し、ひいては世界の平和を確保して、世界人類の幸福と繁栄を図ることを、私は希望してやまないものである。
> その時こそ、われわれ日本民族が、古き日本より新しい大いなる日本に還る、高き精神の具顕ではなかろうかと思う。
>
> （『日本に還る』一九頁）

晩年の金子の議論が粗雑であったことは、同時代人が多く指摘しているが、この引用部分も何を言っているのかよくわからない。結局、日本がやっていることを欧米諸国は邪魔をするなということに尽きるのだろう。実態以上に自国を誇れば、日本は「畏愛」されるどころか軽侮されることが、金子にはわからなくなっていたのか。

すでにみたように、金子は、幕藩体制の崩壊を意外なほど衝撃少なく乗り切った。主君への忠義を天皇・国家への忠誠に置きかえるというのが、第一章でみた金子の発想だった。若年期に本当にそうだったか疑問だが、金子は国体にアイデンティティーを重ねることで、自己正当化を図ったようである。世界に羽ばたきながら、国体の精神を忘れなかったというのが、そのアメリカ留学経験でも語られる自画像であった。

金子にとって、文明国標準に従うことは、どこまでも日本の発展のためだった。西洋文明への惑溺がよいわけではないとはいえ、西洋文明を相対化するためには、日本を必要以上に誇る必要があった。こうした論理で動く以上、国家主義と国際主義は矛盾しないことになる。国益のための国際主義（Linga "National Internationalism"）もしくは国家主義的国際主義（小林啓治「インターナショナリズムと帝国日本」）とでもいうべきもので、国家間協力による平和構築を重視するリベラルな国際主義とは性格を異にする発想だった。

では、どうしてそのような発想になったのか。ここでは芝崎厚士の研究に基づいて考えたい。芝崎は、近代日本の国際主義が、ナショナリズムと対置するものという前提、近代やアメリカニズムといった他律的に与えられたものを正しく理解できなかったという前提で研究されてきたことを指摘する。よって、われわれは金子の言動が国際主義であると理解することに抵抗感をもってしまうのである。その上で、実際の近代日本の国際主義は、軍事力や植民地保持で欧米列強と対等となった日本が、文明国日本の文化的総体が西洋と異質でないことをいかに証明するかに力点を置いたとする。

日本の立場を理解させることでまず相互の平等が確立され、平和や理念はその次の問題として追及される。彼らの国際主義は、いわば段階発展論的な直線上における、世界平和という理想実現の前段階に位置する、日本に対する「正しい」理解を獲得するという目標を達成するための　手段として、第一義的な意味をもつのである。国際主義者は、自国の独自の価値や立場を相手に理解させるための「国民外交」や「文化的使命」の遂行をめざしたという意味で、当時においてナショナリスティックな心性をかなり強くもっていた人びとだったといってよい。

（芝崎厚士『近代日本と国際文化交流』四八頁）

こうした芝崎の指摘を考えると、金子が国体や教育勅語にこだわったのは、「自国の独自の価値や立場を相手に理解させるため」であったといえそうである。くわえて、金子が西洋文明の本質に関心を示さず、即物的に受容しようとしたのも、日本の文化的総体としての異質性解消がきわめて困難であることを感じていたからだとも解釈できる。

ここにいたって、金子の「日本に還る」の意味が明らかになる。金子は、欧米と日本の相互理解が東洋平和・世界平和に必要だという。それが実現されるときには、日本独自の価値や立場が相手に理解されている状態にある。そうなれば、もはや金子のような国際主義者は「文化的使命遂行」のために、「地球をもがき這い回る」必要はない。そのことを「日本に還る」と表現したのではないか。

「日本に還る」の真意がそのようなものであるならば、金子堅太郎はまさに近代日本型の国際主義者であったといえる。

私は、ここに近代日本の国際主義の限界があると考えるのである。それは、すでに指摘したように戦略としての国際主義ということである。つまり、本来ならば国際主義でいきたくないが、日本の発展のために戦略的に国際主義でやっていくという考え方である。その場合、第一にくるのが日本という国家であり、国際社会ではない。その結果、近代日本の国際主義は国家主義と同居してしまうことになった。日本国家が優先されるため、国際社会が日本の発展に障害となれば、やけになって国際秩序を否定し破壊するか、再び殻に閉じこもる（日本に還る）ことになる。

井の中の蛙が大海に出るため、必死で大海のルールを学んだが、大海の水が合わないとわかると、井戸の中に戻り、ここには「国体」があるからいいのだと虚勢を張るようなむなしさが、『日本に還る』を書いた最晩年の金子にはあったのかもしれない。事実、『日本に還る』の最後の節は、「八十九歳の春」と題され、アメリカでの知人がすべて逝き、アメリカで共に学んだ人も一人も残っていないと、寂しいことが書かれている。福岡から世界へ、そして日本に還る。近代日本と国際社会の関係史をなぞるかのような金子の姿であった。

金子堅太郎夫妻の墓（筆者撮影）

一九四二年五月一六日、金子堅太郎はその生涯を終えた。享年八九。すでに太平洋戦争は開戦していたが、金子には従一位大勲位菊花大綬章が追贈された。金子はいい時期に生涯を終えたのかもしれない。もう数年生きていれば、金子が彫心鏤骨して築き上げた大日本帝国の崩壊と、金子が愛したアメリカにより日本の国体が全否定されるのを目撃しなければならなかったからである。

終章

明治維新一五〇年

二〇一九年五月、元号が変わり令和の新時代を迎えた。明治維新からおおよそ一五〇年が過ぎた。一八六八年、江戸幕府が滅亡し、明治と改元された。鎖国をやめ、西洋文明を取り入れて近代国家づくりに邁進する時代となった。国の基本法である大日本帝国憲法（明治憲法）が公布されたのは、維新から二〇年あまりすぎた一八八九年のことだった。以後、明治憲法は停止・改正されることなく大正・昭和と時代が進んだ。しかし、一九四五年、日本はアジア太平洋戦争に敗戦、アメリカ軍を中心とする連合国軍に占領された。日本国の主権は制限され、大日本帝国は崩壊し、新生日本となった。維新から七七年後のことだった。

二〇二〇年は、一九四五年から七五年になる。つまり、維新からアジア太平洋戦争開戦までの歴史と重ねれば、同じ期間が過ぎたということだ。むろん、現在の日本は戦争をはじめる状況にないが、先行きの見えない閉塞感に満ちている。その意味を、明治国家の歴史と合わせて考えてみたい。

金子は、明治維新の時は一五歳の少年だったが、それでも武士としての教育を受けており、何もわからない年齢ではなかった。幕府の滅亡と幕藩体制の崩壊は、それまでの社会のあり方や価値観が根本から覆る大事件だった。金子は郷里を出て、アメリカに留学し、維新後の日本が最重視した西洋文明を学んだ。そのことを評価され、明治憲法の起草に参画することができた。

憲法制定後、日本は日清戦争と日露戦争に勝利をおさめた。このことは、金子の言葉を借りれば、日本が「憫愛」される国から「敬愛」される「文明国」になったという意識を生むとともに、強烈な成功体験となった。成功の記憶は、成功を導いた行動や価値観の絶対化を招き、それは否定できないものと考えられがちにする。

夏目漱石は『三四郎』のなかで日露戦争後の社会を次のように風刺した。

「しかしこれからは日本も段々発展するでしょう」と弁護した。すると、かの男は、すましたもので、「亡びるね」といった。――熊本でこんなことを口に出せば、すぐ擲《な》ぐられる。わるくすると国賊取扱《とりあつかい》される。

（夏目漱石『三四郎』）

世の中に対して斜に構えるところのあった夏目漱石らしい筆致だが、実際、成功体験をした者たちは、天皇や国体を否定する議論に対して弾圧をくわえるようになった。

金子は、憲法制定後の外国出張、日露戦時の広報外交など、三〇代終わりから五〇代初めの心身ともに充実した時期にあり、日本の国家としての成功と自身の成功を重ね合わせることができた。その意味では幸せであった。

しかし、日露戦争の勝利は、日本に対する国際社会の目を厳しいものにした。「畏愛」される日本には、アメリカでの日本人移民排斥、相次ぐ不況など試練が続いた。とりわけ、大正期半ばから昭和初期の日本は、第一次世界大戦後恐慌（一九二〇年）、関東大震災（一九二三年）、金融恐慌（一九二七年）と戦前版の「失われた一〇年」とでもいう時期になった。しかし、この「失われた一〇年」は、政治的には民主化が進み、伊藤博文が夢見た政党政治が曲がりなりにも行われた時期でもあった。また、思想的にも個人主義や社会主義がさかんに唱えられた時期でもあった。

日露戦争後の金子は、名誉職的な枢密顧問に任じられ、華々しい活躍の場を与えられず、不遇をかこつことになった。金子は、政治や社会の新しい動きを攻撃することで不満を解消した。大衆も経済的な苦しさへの不満を政党政治に向けていった。

そのあげく、一九三〇年代には、幼稚で短絡的な国家主義・国体論が横行し、日本は破滅への道を進むことになったのである。その結果は、国体など明治国家のすべてが否定され、国民主権の民主主義国家日本としての再出発だった。

ここで、単純化しすぎているとの批判を承知で、一九四五年、つまり明治維新から現在までの中間点の年から議論してみたい。

明治維新から憲法制定の二〇年後、つまり一九四五年から二〇年後といえば高度経済成長のまっただなかである。東京オリンピックは一九六四年だった。オリンピックの成功で、日本は世界に向けて軍国主義に狂った国家が民主主義の平和国家になったことを喧伝できた。

維新から約四〇年後の日露戦争の勝利を終戦からに置きかえれば、日本はバブル景気に浮かれていた頃である。高度経済成長とバブル景気の成功体験は、多くの人にそれまでの価値観を固定化させることにつながった。そのため、バブル崩壊に対応できず、むなしいまでの「失われた二〇年」をわたしたちは体験することになった。しかし、政府も企業も経済成長率が上がることが幸せにつながると考え続け、効果の薄い「ガンバリズム」に頼った。そのなかで現れてきたのは、負け犬の遠吠えのような「クール・ジャパン」というかけ声と、オリンピックやサッカーのワールドカップのおりの日頃の鬱憤をはらすかのような「日本ガンバレ」の絶叫なのである。敗戦から七五年後の今年二〇二〇年は東京オリンピックが開催される。不吉なことを書くようだが、維新から七二年後に計画されていた一九四〇年の東京オリンピックは、日本の国際的孤立のなか、開催権を返上せざるを得なかった。国際平和の祭典である二〇二〇年のオリンピックを、日本の経済発展のためとしか考えないようであるならば、この先の日本にみえてくるのは、「亡びるね」の一言なのかもしれない。

三度目の開国？　――国際人金子堅太郎の生涯――

歴史に安易に教訓を求めるべきではないが、最後に、金子堅太郎の生涯が現代社会に示唆するものを考えてみたい。

グローバル化に対応しなければならないといわれて久しい。金子堅太郎は、明治のグローバル人材だったといえるのだろうか。今も多くの人が、グローバル化と国際化を混同している。グローバル化の特徴は「国家を超える」ことである。インターナショナリズムではなくトランスナショナリズムなのである。グローバル化が進めば、日本という枠組みの意味は低下していく。そうなれば、これまで日本社会のあり方や価値観も意味をなさなくなる。人びとが反グローバリズムの声を挙げているのも、これまでの考え方が全否定され対応できなくなることへの不安と不満があるからである。

ペリー来航をきっかけとした開国は、徳川将軍を頂点とする絶対的と思われていた幕藩体制を崩壊させた。それに対応できず苦しんだ人は多かったが、金子はきわめて優秀な能力を生かしてそれを乗り越えた。また、明治国家の成功と自分を同期させて誇ることができた。しかし、大正時代あたりから、明治国家の価値観の変化がはじまり、金子はそれに対応できず、不遇感を抱えることになった。晩年の金子が、異常なほど国体に固執したのも、グローバル化に反対の声を挙げるのと似通った心情だったのではないか。帝国主義を捨て、民主化と自由化を進めるという新たな「文明国標準」に逆らった日本は、結局崩壊することになった。

敗戦後の占領改革は、第二の開国といってよい激変だった。日本社会は、これも乗り越えて、先進国として揺ぎない地位を得ることに成功した。

第一と第二の開国では、日本という国家を基盤として考えることで対応することができた。金子は、武士のエートスともいうべき価値観を、機会主義的に転換させ、主君への忠誠を天皇や国家への忠誠に置きかえて、国体観念を自己のアイデンティティの基礎にすえた。よって、前章でみたように、金子は国家主義者でありつつ国際主義者として活躍した。その点、金子は、グローバル人材というより、どこまでも日本という国家に縛られた国際人だった。

戦後の日本では、天皇への忠誠は否定されたが、国家社会のためということが「大義」になる価値観は継続した。高度経済成長期からバブル期にかけて猛烈サラリーマンとして国際的に活躍した人びとは、金子同様、国家のため（もしくは会社のため）の国際主義として、行動を正当化することに疑問を抱かなかったのではないか。

ところが、グローバル化は、国家を相対化してそれを超える動きである。日本の伝統や社会の紐帯などが否定されることに耐えられない人も多いかもしれないが、それに対して金子の国体論的な発想で抵抗すれば、約八〇年前の敗戦の失敗を繰り返すことになるかもしれない。国家の呪縛から離れた超国家《トランスナショナル》の個人主義的な社会への変貌が求められているのが現状なのである。

実のところ、こうした議論は、耳新しいものではなく、いたるところで唱えられているが、政府も企業も、どこか思い切れないままである。これまでのやり方でうまくいった、日本の枠組みを否定すれば社会は乱れる、伝統を重視しなければ日本の独自性がなくなって民族の誇りが失われる、等々。このような意見をもつ人びとが、グローバル化に伴う過激な改革に反対しているのが一因だろう。一般に反グローバル化の主張は社会的弱者が唱えるとされるが、現在の日本の場合、既得権益を守りたい成功した中高年層が、反グローバル化という意識のないまま、グローバル化に伴う改革に反対しているのである。金子も、明治期に築いた己の栄光を守ろうとして、国体観念や貴族の地位に固執して、変化を否定した。金子堅太郎のような秀才はめったにいないが、晩年の金子のような言動をする「地位の高い人」は、どこにでもいるものである。

金子堅太郎の八九年の生涯は、その前半生は第一の開国を克服した成功談として、その後半生は、第二の開国につながる日本破滅に棹さした失敗譚として、教訓を与えてくれる。第三の開国は強制されることはない。自らの力で開国、いや国家を超えることができるのか、明治一五〇年を迎えた今日の差し迫った課題なのである。

参考文献

未公刊史料

「枢密院会議筆記・対米外交報告・大正十三年四月二十三日」JACAR（アジア歴史資料センター）：A03033676900
「枢密院会議筆記・日本銀行ノ特別融通及之ニ因ル損失ノ補償ニ関スル財政上必要処分ノ件・昭和二年四月十七日」JACAR：A03033692900
「伯爵金子堅太郎より岡田内閣総理大臣に提出した意見書」JACAR：A15060082800
「日露戦役米国滞留記」JACAR：B08090029600［本文中では「滞留記」の如く略す］
「米国大統領「ルーズヴェルト」氏会見始末」JACAR：B08090029300
「金子堅太郎伯述　日露講和ニ関シ米国ニ於ケル余ノ活動ニ就テ」JACAR：B12080958400

日本語文献

麻田雅文『日露近代史――戦争と平和の百年』講談社現代新書（二〇一八年）
浅見雅男『華族誕生――名誉と体面の明治』講談社学術文庫（二〇一五年）
飯倉章『黄禍論と日本人――欧米は何を嘲笑し、恐れたのか』中公新書（二〇一三年）
飯田直輝「金子堅太郎における「国民外交」の意味――日米移民問題をめぐって」『法政史学』六四（二〇〇五年九月）
飯田直輝「金子堅太郎と排日問題」『法政史論』三三（二〇〇六年三月）
飯田直輝「金子堅太郎と国体明徴問題」『書陵部紀要』六〇（二〇〇八年）

飯森明子「金子堅太郎と日米協会――日米協会資料にみる交流活動の展開」『日本大学史紀要』一二（二〇一〇年三月）
五百旗頭薫「条約改正外史」井上寿一編『日本の外交　第一巻――外交史戦前編』岩波書店（二〇一三年）
石附実『近代日本の海外留学史』中公文庫（一九九二年）
磯部浅一『獄中手記』中公文庫（二〇一六年）
伊藤隆『日本の内と外』中央公論社（二〇〇一年）
伊藤之雄『元老西園寺公望――古希からの挑戦』文春新書（二〇〇七年）
伊藤之雄『伊藤博文――近代日本を創った男』講談社（二〇〇九年）
稲田正次『明治憲法成立史』上・下、有斐閣（一九六〇年・六二年）
稲田正次・小西四郎・鈴木安蔵・深谷博治・大久保利謙「座談会　維新史研究の歩み（第六回）――明治憲政史を中心として」『日本歴史』二五一（一九六九年四月）
今井宏『明治日本とイギリス革命』ちくま学芸文庫（一九九四年）
内田貴『法学の誕生――近代日本にとって「法」とは何であったか』筑摩書房（二〇一八年）
宇野重規『保守主義とは何か――反フランス革命から現代日本まで』中公新書（二〇一六年）
頴原善徳「一九世紀末日本の環太平洋構想――金子堅太郎における論理と展開」『ヒストリア』一五八（一九九七年一一月）
大久保泰甫『ボワソナードと国際法――台湾出兵事件の透視図』岩波書店（二〇一六年）
小野一一郎「日本貿易政策の源流――金子堅太郎の政策構想」『日本資本主義と貿易問題』ミネルヴァ書房（二〇〇〇年）
外務省編纂『日本外交文書』日露戦争Ⅴ、巌南堂書店（一九六〇年）
外務省編『小村外交史』原書房（一九六六年）
笠原英彦『天皇親政――佐々木高行日記にみる明治政府と宮廷』中公新書（一九九五年）
片桐庸夫『民間交流のパイオニア 渋沢栄一の国民外交』藤原書店（二〇一三年）
片山慶隆『小村寿太郎――近代日本外交の体現者』中公新書（二〇一一年）
勝田政治『明治国家と万国対峙――近代日本の形成』角川書店（二〇一七年）

金子堅太郎『議院建築意見』(一八九一年)
金子堅太郎『貴族論』(一八九九年)
金子堅太郎口演(水上梅彦記述)『遊米見聞録』(一九〇〇年)
金子堅太郎『経済政策』(一九〇二年)
金子堅太郎『帝国憲法制定と欧米人の評論』(一九三八年)
金子堅太郎『日本に還る』興亜日本社(一九四一年)
金子堅太郎講演(石塚正英編)『日露戦争日米外交秘録』長崎出版(一九八六年)
金子堅太郎(大淵和憲校注)『欧米議院制度取調巡回記』信山社(二〇〇一年)
河島真『戦争とファシズムの時代へ』吉川弘文館(二〇一七年)
木戸幸一(木戸日記研究会編)『木戸幸一日記』上巻、東京大学出版会(一九六六年)
久保田哲『帝国議会——西洋の衝撃から誕生までの格闘』中公新書(二〇一八年)
久米邦武編(田中彰校注)『特命全権大使 米欧回覧実記』一～五、岩波文庫(一九七七年～一九八二年)
倉富勇三郎日記研究会編『倉富勇三郎日記　第三巻——大正一二年・大正一三年』国書刊行会(二〇一五年)
黒沢文貴『二つの「開国」と日本』東京大学出版会(二〇一三年)
小林啓治「インターナショナリズムと帝国日本」歴史と方法編集委員会『帝国と国民国家』青木書店(二〇〇〇年)
小林道彦ほか編『内田康哉関係資料集成』第一巻、柏書房(二〇一二年)
酒井一臣『近代日本外交とアジア太平洋秩序』昭和堂(二〇〇九年)
酒井一臣『はじめて学ぶ日本外交史』昭和堂(二〇一三年)
酒井一臣『帝国日本の外交と民主主義』吉川弘文館(二〇一八年)
坂本一登『伊藤博文と明治国家形成——「宮中」の制度化と立憲制の導入』吉川弘文館(一九九一年)
佐々木高行『保古飛呂比——佐佐木高行日記』一～十二、東京大学出版会(一九七〇～一九七九年)
塩崎智『アメリカ「知日派」の起源——明治の留学生交流譚』平凡社(二〇〇一年)

芝崎厚士『近代日本と国際文化交流――国際文化振興会の創設と展開』有信堂高文社（一九九九年）
スペンサー、ハーバート（森村進編訳）『ハーバート・スペンサーコレクション』ちくま学芸文庫（二〇一七年）
関幸彦『「国史」の誕生――ミカドの国の歴史学』講談社学術文庫（二〇一四年）
高瀬暢彦編『初代校長金子堅太郎著作集』第一集～第六集、日本大学精神文化研究所（一九九五年）［本文中では『著作集』一のごとく略す］
高瀬暢彦編著『金子堅太郎『政治論略』研究』日本大学精神文化研究所（二〇〇〇年）
高瀬暢彦編著『金子堅太郎研究』第一集・第二集、日本大学精神文化研究所（二〇〇一年）
高瀬暢彦編『金子堅太郎自叙伝』第一集・第二集、日本大学精神文化研究所（二〇〇三年・二〇〇四年）［本文中では『自叙伝』一のごとく略す］
瀧井一博『文明史のなかの明治憲法――この国のかたちと西洋体験』講談社選書メチエ（二〇〇三年）
瀧井一博『伊藤博文――知の政治家』中公新書（二〇一〇年）
瀧井一博『伊藤博文演説集』講談社学術文庫（二〇一一年）
瀧井一博『明治国家をつくった人びと』講談社現代新書（二〇一三年）
竹前栄治・岡部史信『憲法制定史――憲法は押しつけられたか』小学館文庫（二〇〇〇年）
田渕正和「金子堅太郎の関防印」明治大学史資料センター『大学史資料センター報告』三三、（二〇一一年五月）
『男爵団琢磨伝』上・下（一九三八年）
『戸畑市史』第二集、戸畑市（一九六一年）
ナイ、ジョゼフ・S（山岡洋一翻訳）『ソフト・パワー――二一世紀国際政治を制する見えざる力』日本経済新聞社（二〇〇四年）
中元崇智「日清戦争後における経済構想」『史林』九一巻三号（二〇〇八年五月）
中村春作『江戸儒教と近代の「知」』ぺりかん社（二〇〇二年）
西田毅『竹越与三郎――世界的見地より経綸を案出す』ミネルヴァ書房（二〇一五年）
新渡戸稲造（山本博文訳）『現代語訳　武士道』ちくま新書（二〇一〇年）

バーク、エドマンド（中野好之訳）『フランス革命についての省察』上・下、岩波文庫（二〇〇〇年）
バーク、エドマンド（中野好之訳）「新ウィッグから旧ウィッグへの上訴（一七九一年）」『バーク政治経済論集――保守主義の精神』法政大学出版会（二〇〇〇年）
原敬（原奎一郎ほか編）『原敬日記』一～六、福村出版（二〇〇〇年）
原田熊雄『西園寺公と政局』第二巻～第五巻、岩波書店（一九五〇～五一年）
廣部泉『人種戦争という寓話――黄禍論とアジア主義』名古屋大学出版会（二〇一七年）
深井英五『枢密院重要議事覚書』岩波書店（一九五三年）
『福岡県史』通史編近代・産業経済（一）、福岡県（二〇〇三年）
福岡市史編集委員会『新修福岡市史 資料編 近現代 1――維新見聞記』福岡市（二〇一二年）
福沢諭吉『文明論之概略』（一八七五年）、岩波文庫（一九九五年）
藤井新一『帝国憲法と金子伯』大日本雄弁会講談社（一九四二年）
米友協会『米友協会会史』（一九一一年）
ベルツ『ベルツの日記』岩波文庫（一九七九年）
星山京子「水戸学と近代日本」苅部直・片岡龍編『日本思想史ハンドブック』新書館（二〇〇八年）
堀和孝「竹越与三郎と『明治天皇紀』編修事業――稿本「明治天皇紀」の分析」『同志社法学』五九―二（二〇〇七年七月）
堀口修「『明治天皇紀』編修と金子堅太郎」『日本歴史』六六一（二〇〇三年六月）
堀口修編『「明治天皇紀」談話記録集成』第四巻、二〇〇三年
堀口修編著『金子堅太郎と国際公法会――日本の条約改正問題と国際社会』創泉堂出版（二〇一三年）
牧野伸顕（伊藤隆・広瀬順晧編）『牧野伸顕日記』中央公論社（一九九〇年）
松井慶四郎（松井明編）『松井慶四郎自叙伝』（一九八三年）
松沢裕作『重野安繹と久米邦武――「正史」を夢みた歴史家』山川出版社（二〇一二年）
松沢裕作『自由民権運動――「デモクラシー」の夢と挫折』岩波新書（二〇一六年）

松村正義『日露戦争と金子堅太郎――広報外交の研究』新有堂（一九八〇年）
松村正義『金子堅太郎――槍を立てて登城する人物になる』ミネルヴァ書房（二〇一四年）
松村正義『近代日本の広報文化外交』成文社（二〇一六年）
真辺将之『大隈重信――民意と統治の相克』中公叢書（二〇一七年）
宮崎克則・原三枝子「黒田斉清・黒田長溥――好学・開明的なふたりの藩主」W・ミヒェル・鳥井裕美子・川嶌眞人共編『九州の蘭学――越境と交流』思文閣（二〇〇九年）
明治神宮監修『昭憲皇太后実録』上巻・下巻・別巻、吉川弘文館（二〇一四年）
メイン、ヘンリー・サムナー（安西文夫訳）『古代法』信山社（一九九〇年）
安川巌『物語福岡藩史』文献出版（一九八五年）
柳猛直『悲運の藩主　黒田長溥』海鳥社（一九八九年）
山口輝臣「なぜ国体だったのか？」酒井哲哉編『日本の外交　第三巻――外交思想』岩波書店（二〇一三年）
山下重一『スペンサーと日本近代』御茶の水書房（一九八三年）
山下重一「スペンサーと明治日本」『英学史研究』三一（一九九八年）
山室信一『法制官僚の時代――国家の設計と知の歴程』木鐸社（一九九九年）
由井正臣編『枢密院の研究』吉川弘文館（二〇〇三年）
柳愛林「ェドマンド・バークと明治日本――金子堅太郎『政治論略』における政治構想」『国家学会雑誌』一二七―九・一〇（二〇一四年一〇月）
渡辺幾治郎「明治天皇紀編修二十年」『明治史研究』楽浪書院（一九三四年）
渡辺靖『文化と外交――パブリック・ディプロマシーの時代』中公新書（二〇一一年）

外国語文献

Kanda, James ed., The Kaneko Correspondence, Monumenta Nipponica, vol. 37, no. 1-4（1982）
Linga, Pan, "National Internatinalism in Japan and China", in Glenda Sluga and Patricia Clavin ed., *Internationalism*, Cambridge Uni. Press（2017）
Lorca, Arnulf Becker, *Mestizo International Law*, Cambridge Uni. Press（2014）
Morris, Edmund, *Theodore Rex*, New York（2001）

金子堅太郎　年表

年	年齢	金子関連事項	一般事項
一八五三・嘉永六	〇	二月　生　誕	六月　ペリー来航
一八五四・安政元	一		三月　日米和親条約
一八五八・安政五	五		六月　日米修好通商条約
一八六三・文久三	一〇	一月　藩校修猷館に入学	一月　奴隷解放宣言
一八六七・慶応三	一四		一〇月　大政奉還
一八六八・慶応四／明治元	一五	四月　父清蔵死去、家督を継ぐ	三月　五箇条の誓文
一八六九・明治二	一六		六月　版籍奉還
一八七〇・明治三	一七	一一月　上　京	
一八七一・明治四	一八	一一月　岩倉使節団に同行して横浜出航	七月　廃藩置県
一八七二・明治五	一九	九月　ボストンのグラマー・スクール（小学校）に入学	
一八七三・明治六	二〇		一月　徴兵令 一〇月　明治六年の政変
一八七四・明治七	二一	九月　ハイスクールに入学	
一八七五・明治八	二二		四月　漸次立憲政体樹立の詔
一八七六・明治九	二三	一〇月　ハーバード大学ロー・スクール入学	
一八七八・明治一一	二五	六月　ハーバード大学卒業 九月　帰　国 一二月　東京大学予備門教師	

一八八〇・明治一三	二七	一月　元老院出仕 一一月　結　婚	
一八八一・明治一四	二八	一一月　『政治論略』出版	一〇月　明治一四年の政変・国会開設の勅諭
一八八二・明治一五	二九		三月　伊藤博文憲法調査のため渡欧
一八八四・明治一七	三一	四月　制度取調局長官秘書官	
一八八五・明治一八	三二	二月　元老院大書記官 七月～一〇月　北海道視察 九月　修猷館再興 一二月　内閣総理大臣秘書官	
一八八七・明治二〇	三四	五月～　夏島会議	
一八八八・明治二一	三五		四月　枢密院設置
一八八九・明治二二	三六	七月～　各国議院制度調査のため欧米へ出張	二月　大日本帝国憲法発布
一八九〇・明治二三	三七	三月　スペンサーと面会 六月　帰国・日本法律学校（現日本大学）校長 九月　貴族院勅選議員 一〇月　貴族院書記官長	七月　第一回衆議院議員総選挙
一八九二・明治二五	三九	六月　国際公法会出席のため渡欧	
一八九四・明治二七	四一	一月　農商務次官	七月　日英通商航海条約 八月　日清戦争
一八九五・明治二八	四二	五月　製鉄事業調査会委員長	四月　下関条約・三国干渉
一八九八・明治三一	四五	四月　第三次伊藤博文内閣農商務大臣	
一八九九・明治三二	四六	五月　渡米しハーバード大学で名誉法学博士号授与	
一九〇〇・明治三三	四七	五月　男爵叙爵 一〇月　第四次伊藤博文内閣法務大臣	義和団事件 九月　立憲政友会結党

一九〇一・明治三四	四八	七月　久里浜にペリー来航記念碑建立	二月　官営八幡製鉄所操業開始
一九〇二・明治三五	四九		一月　日英同盟
一九〇四・明治三七	五一	二月〜　対米宣伝活動のため渡米	二月　日露戦争
一九〇五・明治三八	五二	四月　カーネギー・ホールで演説 一〇月　帰国	九月　ポーツマス講和条約
一九〇六・明治三九	五三	一月　枢密顧問	
一九〇七・明治四〇	五四	九月　子爵陞叙	
一九〇九・明治四二	五六		一〇月　伊藤博文暗殺
一九一〇・明治四三	五七		八月　韓国併合
一九一四・大正三	六一		七月　第一次世界大戦
一九一五・大正四	六二	二月　『明治天皇紀』編纂局総裁 一〇月　維新史史料編纂会総裁	
一九一七・大正六	六四	四月　日米協会会長	
一九二二・大正一一	六九	帝室編纂局総裁	
一九二四・大正一三	七一		五月　米議会、排日移民法可決
一九三一・昭和六	七八		九月　満州事変
一九三三・昭和八	八〇	九月　『明治天皇紀』奉呈	
一九三四・昭和九	八一	一月　伯爵陞叙	
一九三五・昭和一〇	八二		八月　第一次国体明徴声明
一九四一・昭和一六	八八	一〇月　『維新史』奉呈	一二月　アジア太平洋戦争
一九四二・昭和一七	八九	五月　死去	

あとがき

本書の主人公である金子堅太郎を調べはじめた動機は、学問的なものでは全くない。縁あって福岡の大学に勤めることになり、大学の市民講座を担当するときに、せっかくだから地元ゆかりの人物を取り上げようと考えてのことである。金子にいきついたのも、ウィキペディアで福岡ゆかりの人物を探してみつけたという、研究者としては笑えないような理由である。つまり、筆者は金子堅太郎の名前は知っていたが、彼が福岡出身だということも知らなかったのである。

金子について、市民講座を終えれば放置するつもりだった。しかし、大学教員の地域貢献が求められるなかにあって、地方史に何の知見もない日本外交史を専攻する筆者にとって、金子ならば何とかなるかもしれないという「不純」な気持ちから金子の調査を続けることにしたのである。

金子を調べはじめてすぐに気づいたのは、グローバルに活躍した彼の生涯を追うことは近代日本の全体像を追うことにつながるということである。筆者は、文明国標準という観点から近代日本に関わる国際関係史を研究してきたこともあり、金子はかっこうの素材になった。

ところが、金子のことを調べていくうちに、筆者になんともいえない「モヤモヤ」がつのってきた。金子は立志伝中の人物なのだが、その言動を追っていると、現在の日本に筆者が感じている怒りと同調していったのである。終章をお読みいただければお分かりになると思うが、そこで書いていることは、金子の評価というより、現在の日本社会で「高い地位にある」人たちへの批判である。繰り返すことはしないが、衰退していく日本を認めようとしないで、過去の栄光の価値観にしがみついている人たちが、現在日本の混迷の元凶と断言してよいと思う。筆者は今四〇代後半だが、二〇年後・三〇年後にこのあとがきを読んだとき、「その通り」とうなずけるような老人になりたいと思う。

その意味で、本書はふつうの評伝とはことなり、主人公である金子堅太郎の評価できる面から何かを学ぶということより、その負の面から現在への教訓を引き出そうとした。よって、読者には申し訳ないが、本書を読んでも明るい希望に満ちるということはないだろうと思われる。明治一五〇年の今日、その半ばで日本はいったん滅亡して力強く立ち上がったが、明治維新から敗戦までと、敗戦から今日までほぼ同じ期間が過ぎて日本社会の現状は決して明るいものではない。明治最初のグローバル人材であった金子が晩年に老害となってしまうのはなぜか。ナショナリズムをトランスナショナリズムに転じられなかったのはなぜか。そこには必ず現在への厳しい教訓があると考えて本書を書いた。

筆者の「不純」な動機と悲観、加えて主人公への皮肉が入りまじった内容で、どこの出版社も本書の刊行に否定的だった。もうお蔵入りかと思っていたところ、筆者の前著二冊を刊行していただいた昭和堂が引き受けてくださった。今回も神戸真理子さんが丁寧な編集をしてくださった。また、藤井崇史さんは、原稿をお読みくださり、貴重なご意見をくださった。金子が晩年をすごした葉山の調査では、葉山町教育委員会の山口正憲さんにお世話になった。ありがとうございます。もちろんすべての文責は筆者にある。

本書は、史料を口語体にして掲載するなど、研究者向けの体裁をとらなかった。参考文献は挙げたが、すべてを網羅していない。どうかご寛容願いたい。

否定的なことばかり書いたが、明治のはじめに福岡から世界へはばたいた金子堅太郎の姿は、やはり雄渾である。金子の天才に及びもつかないが、筆者も日本という枠組みを超えてはばたきたいと念じている。

穏やかで調和のある社会を祈って

酒井一臣

著者紹介

酒井一臣（さかい・かずおみ）

大阪大学大学院文学研究科文化形態論専攻修了、博士（文学）。2010年に大平正芳記念賞を受賞。京都橘大学文学部歴史学科助教を経て、2015年より九州産業大学国際文化学部准教授。主著に『近代日本外交とアジア太平洋秩序』（2009年、昭和堂）、『はじめて学ぶ日本外交史』（2013年、昭和堂）、『帝国日本の外交と民主主義』（2018年、吉川弘文館）などがある。専門は日本外交史。

金子堅太郎と近代日本——国際主義と国家主義

2020年3月30日　初版第1刷発行

著　者　酒井一臣

発行者　杉田啓三

〒607-8494　京都市山科区日ノ岡堤谷町3-1
発行所　株式会社　昭和堂
振替口座　01060-5-9347
TEL（075）502-7500／FAX（075）502-7501

印刷　亜細亜印刷

ISBN978-4-8122-1913-3
＊乱丁・落丁本はお取り替えいたします。
Printed in Japan